생존, 그 이후를 준비하는
한국기업의 성장과제

생존, 그 이후를 준비하는
한국기업의 성장과제

전용욱 지음

21세기북스
www.book21.com

생존, 그 이후를 준비하는
한국기업의 성장과제

6·25 전쟁 이후 아무것도 없는 빈손에서 시작한 한국기업이 지금의 눈부신 성장을 이룩할 수 있었던 것은 주어진 환경 속에서 자신의 강점을 잘 발견했고 약점을 잘 보완했기 때문이다. 값싼 노동력이라는 장점을 통해 노동집약적 산업으로 시작해 약점인 자금력과 기술력을 보완하며 발전했다. 이러한 한국기업들의 성공 사례는 개도국들의 지침서가 될 만큼 성공적이었다. 하지만 모든 한국기업이 눈부신 성장을 이룩한 것은 아니다. 자산총액 기준으로 볼 때, 1960년대에 10대 기업 안에 속해 있던 기업 중 현재까지 10대 기업에 속해 있는 기업은 삼성, LG 두 기업뿐이다. 노동집약적 산업만 고집하지 않고 부족한 기술력과 자본력을 보완해 환경에 맞춰 진화를 한 기업만이 살아남을 수 있었다.

이처럼 기업은 환경에 맞춰 성장, 탄생과 소멸과정을 겪는 살아 있는 생물체에 가깝다고 말할 수 있다. 환경에 맞춰 진화하지 못하면 종이 소멸하듯, 기업 역시 환경에 적응하지 못하면 소멸하게 된다. 게다가 시간이 흐르고 시대가 변할수록 환경변화 속도는 이전에 비해 기하급수적으로 빨라지고 있다. 기술 발달로 전 세계가 유기적으로 연결되며 글로벌화되고 있기 때문에 21세기 한국기업이 직면하게 될 환경변화 속도는 이전의 그것과는 비교할 수 없을 만큼 빠를 것이다.

과거 한국이 빈손에서 시작한 건국의 과정을 거쳤다면, 앞으로는 다져놓은 기반을 바탕으로 수성과 성장을 이룩해나가야 하는 단계다. 2009년 전 세계 금융위기는 세계질서의 패권을 서방 선진국 중심에서 한국과 중국, 인도, 브라질, 멕시코 등이 동참한 G20체제로 변화시키고 있다.

따라서 본 연구는 급변하는 환경을 맞아 향후 한국기업들이 제2라운드 경쟁환경에서 지속적인 성장을 하기 위해 준비해야 할 시사점을 제시하고자 한다. 이를 위해 시대의 흐름을 빠르고 정확하게 인지해 성장의 발판을 마련한 글로벌 기업들의 성공 사례들을 분석했다.

'붉은 여왕 효과(Red Queen Effect)'라는 것이 있다. 『이상한 나라의 앨리스』 속편인 『거울나라의 앨리스』에서 나온 말이다. 『거울나라의 앨리스』 속의 세계인 거울나라에서는 주변의 모든 것이 움직이고 있기 때문에 제자리에 서 있기 위해서라도 열심히 달려야만 한다. 동화 속 붉은 여왕은 "거울나라에서는 네가 앞으로 가고 싶다면 지금보다 두 배는 더 열심히 뛰어야 한다"고 말한다. 이것이 바로 '붉은 여왕 효과'다.

시시각각 변화하는 환경 속에서 기업들은 환경변화에 뒤처지지 않기 위해서 항상 환경변화에 대한 충분한 인식과 함께 누구보다 빠른 선택을 요구받는다. 한국기업들이 붉은 여왕 효과 속에서 끊임없이 성장 기회를 모색하여, 미래 제2라운드 시장을 이끄는 시장 리더로 도약하기를 희망해본다.

끝으로 본서의 집필과 교정 작업에 도움을 준 유주현, 박세희, 김은솔, 강석형 조교, 그리고 늘 좋은 책을 만들기 위해 애쓰는 21세기북스 관계자 여러분께 깊은 감사의 말을 전한다.

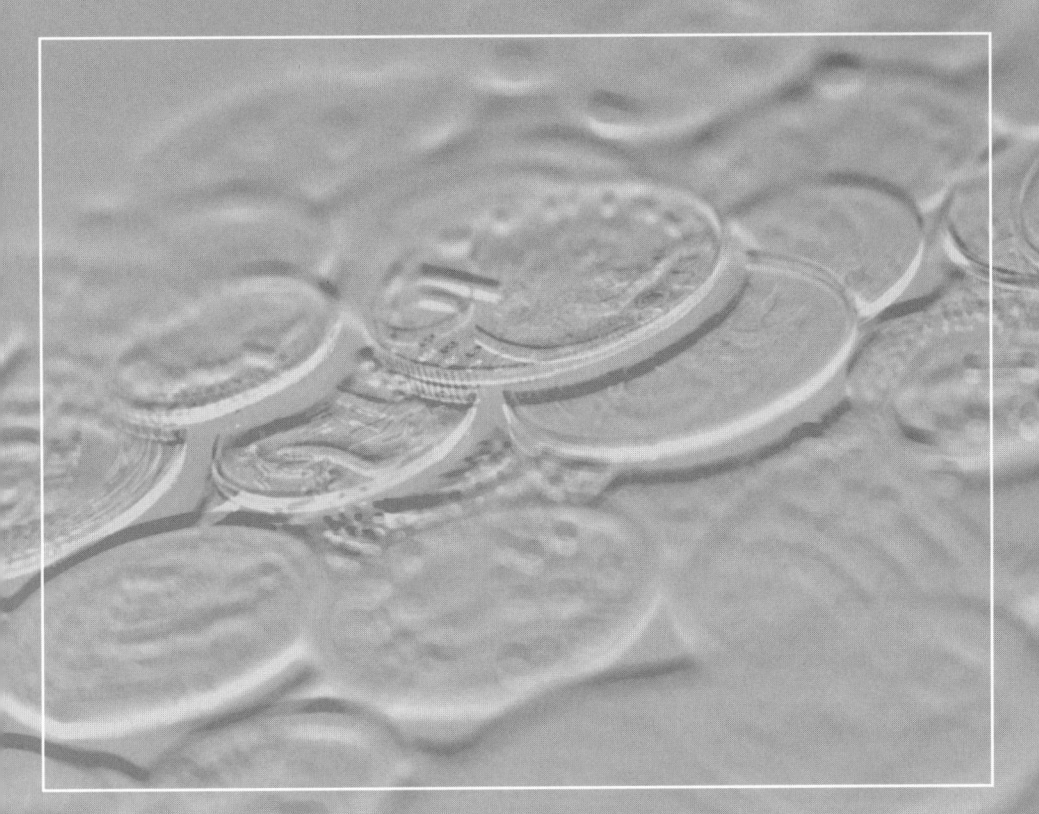

제1장

서론

1 | 연구배경 및 목적

기업에게 있어 성장은 어떤 의미를 가질까? 많은 기업들이 성장이 꼭 필요하다는 것은 인식하고 있지만, 왜 성장을 추구해야 하는가에 대해서는 제대로 답하지 못하고 있다. 매출액 초과달성, 해외시장 개척 등과 같은 외적인 면에만 한정해서 '기업이 성장한다'라고 했을 때, 혹자들은 기업이 꼭 성장을 추구할 필요가 있는가, 오히려 무리한 확장정책보다는 내실을 기르는 것이 기업에게 더 필요한 일이 아닌가 반문한다.

10년 전 대우가 대마불사의 신화를 바탕으로 자금차입을 통한 외형적 확장을 추구했으나, 자금조달이 어려워지면서 기울어진 사건을 기억한다면 이는 막연히 틀린 이야기는 아닐 것이다. 이처럼 성장이라는 말은 쉽게 정의할 수 있는 것이 아니다. 하지만 분명한 것은 단순한 외형적 확장은 진정한 의미의 성장이라고 할 수 없다는 사실이다.

기업이 원하는 진정한 의미의 성장이란 확장이라는 외면적 성장뿐만 아니라, 장기적으로 기업이 생존하고 발전하기 위해 환경에 맞춰 적응하고 진화한다는 보다 적극적인 의미를 포함한다. 이는 글로벌 기업으로 성장한 한국기업을 본다면 보다 잘 이해할 수 있다. 삼성전자가 후발업체라는 불리함에도 불구하고 현재 반도체, LCD, 휴대폰 등의 분야에서 1위를 할 수 있게 된 것은 아날로그 시대에서 디지털 시대로 변화하는 흐름을 기회로 포착해서 잘 활용했기 때문이다. 휴대폰 분야를 예로 들어본다면, 기존 아날로그 방식의 휴대폰 시장에서는 구미기업에 비해 우리나라 기술력은 크게 열세 위치에 있었다. 하지만 1996년 CDMA 상용화라는 새로운 경쟁 규칙이 생기며 기존 아날로그 방식에서의 격차는 무의미하게 되었다. 즉, 공평한 조건에서 경쟁할 수 있게 되었다는 것이다. 삼성전자는 이러한 기회를 포착하고 거기에 따라 기회를 잘 활용하여 시장 주도권을 확보했다.

즉, 성장은 매출규모, 시장점유율 등의 양적 결과뿐 아니라 역동적으로 변화하는 환경에서 생존하고 기회를 활용한다는 동인의 의미를 동시에 가지고 있는 것이다. 그렇다면 현재 기업들은 어떤 환경변화에 직면하고 있을까?

미국발 서브프라임 사태로 시작된 글로벌 금융위기가 실물경기침체로 전이되면서 전 세계 기업들은 치열한 생존경쟁을 벌이고 있다. 자산규모 1조 달러에 달하는 초대형 글로벌 금융기관이었던 메릴린치는 BOA에 매각되었고, 경영학 성공 사례의 단골이었던 GM은 자금난으로 파산위기에 처했다가 미국 정부의 구제정책으로 간신히 살아남을 수 있었다.

수많은 기업들은 금융위기로 인한 자금부족과 매출부진으로 한 순간에 몰락해버리는 급변하는 산업 환경에 직면했다. 전통적 명가를 자처하던 수많은 글로벌 기업들은 '생존'이라는 과제를 최우선으로 두고 비상경영체제에 돌입했다. 또한 비용절감 차원에서 대규모 감원을 하거나, 불황 피해를 줄이기 위해 감산과 생산거점 통폐합에도 적극적으로 나서고 있다. 일본 철강재만 고집해오던 도요타는 한국 POSCO 철강제품을 조달받기로 결정했다. 원가절감을 하기 위해서 가격경쟁력이 높은 철강제품을 선택해야만 했기 때문이다. 이것은 업계 1위인 도요타 역시 급변하는 환경 속에서 생존하기 위해 몸부림치고 있는 현실을 보여준다.

하지만 지금의 글로벌 경기침체를 단지 위협으로만 볼 것인가? 물론 경기침체기에 기업들은 수요부진에 따라 매출감소의 어려움을 겪는다. 하지만 이러한 위협 이면에는 '시장 지위의 변화'라는 현상이 숨어 있다. Mckinsey&Company에서 조사한 '2000년대 초 IT버블 시기 전후 미국기업 지위 변화'에 따르면 경기침체기 전에 상위 25%에 속해 있던 기업들 중에서 경기침체기 이후에도 상위 그룹에 속해 있는 기업은 60%에 불과한 것으로 나타났다. 즉, 40%는 경기침체기를 거치면서 기존의 시장 지위를 상실한 것이다.[1]

경기침체기는 수요부진에 따른 매출감소로 원가절감의 필요성이 커지는 시기이자, 까다로워진 소비자 욕구에 맞추기 위해 경쟁이 보다 심화되고, 호황기 때 가려졌던 기업 간의 우열이 드러나는 때다. 따라서 경기침체기는 승자와 패자를 가르는 시험대로서 '생존의 위협'과 '도약의 기회'라는 상반된 특징을 동시에 가지고 있다. 즉, 경

1_ 홍덕표(2008), "경기침체기를 기회로 활용한 기업들의 교훈", 『LG Business Insight』, LG경제연구소

기침체가 가져오는 환경 변화에 어떻게 대응하느냐에 따라 기업 생존에 위협이 될 수도, 기업성장의 기회가 될 수도 있다.

경기침체라는 환경변화를 단순히 극복해야 할 위기로만 바라본다면, 기업은 단기적 생존에만 급급할 수밖에 없다. 또한 단기적 생존에만 급급하게 된다면 살아남는다고 할지라도 그 이후에 도래하는 성장 시기에 경쟁력이 저하되어 경쟁에서 뒤처질 수밖에 없다. 결국 기업이 지속적으로 발전하기 위해서는 위기에서 살아남는 것뿐만 아니라 이후에 오는 환경 변화에도 적극적으로 대응할 수 있어야 한다.

따라서 본 연구는 급변하는 경영환경을 기회로 활용해서 도약에 성공한 해외기업 사례분석을 통해 향후 한국기업들이 새로운 Round 2 경쟁 환경에서 시장 리더로서 살아날 수 있는 시사점을 도출하는 것을 목적으로 삼고 있다.

2 | 연구방법 및 구성

　본 연구는 기업의 성장을 '능동적 환경 대응'이라는 유기적인 프로세스 관점에서 접근하여, 기업의 성장을 가능하게 만든 전후 인과관계에 초점을 맞추도록 한다.

　기업성장을 위한 프레임워크를 제시하기 위해 급변하는 산업 [환경변화] 속에서 → 비즈니스 기회를 창출하기 위해 어떻게 [대응했으며 → 지속적 발전의 디딤돌로서 어떤 [결과]를 가져오게 되었는지 진행과정에 포인트를 두고 성장 기업을 분석하며, 특히 '기업의 능동적 환경대응'과 '성장' 간 관계에 보다 체계적으로 접근하기 위해 기업의 환경대응을 ① 환경변화 속 기회포착 ② 혁신적 실행 ③ 창조적 비전, 3가지로 나누어 살펴보도록 한다.

　연구대상의 선정은 다음과 같은 절차에 따라 이루어졌다.

　먼저 산업구조 전반에 걸친 환경변화에 대응한 기업으로 한정하도록 한다. 본 연구의 목적이 산업 전반적으로 '생존의 위협'과 '도약의 기회'라는 상반되는 특징을 가지고 있는 환경변화에 적극적으로 대응하여 성장의 디딤돌로 삼기 위한 시사점을 도출하는 것인 만큼 개별 기업의 위기는 제외하도록 한다.

두 번째로 IT/전자, 의류, 자동차, 산업재 등 4가지 산업별로 나누어 대상기간 동안의 산업별 성장률 또는 산업 내 경쟁업체의 성장률보다 탁월한 성장을 보인 기업을 대상으로 한다. 이때 성장에 대한 객관적인 지표로서 매출성장률과 영업이익성장률을 사용하며, 연구대상기간은 최소 5년으로 설정해 단기적인 외형확장이 아닌 장기적으로 지속적 성장을 했는가를 평가하도록 한다.

세 번째, 각 산업 내 대상기업을 선진국과 신흥국으로 구분해서 선정한다. 이제 한국기업들은 미국, 유럽, 일본 등 전통적 선진국 기업뿐만 아니라 새롭게 떠오르는 신흥국 글로벌 기업과 경쟁해야 하는 새로운 경쟁구도에 직면하고 있다. 따라서 산업별로 선진국 성장기업과 신흥국 성장기업으로 구분해서 신흥국 기업의 성공요인을 분석하는 한편, 같은 산업에 속한다고 할지라도 선진국과 신흥국이라는 서로 다른 시장환경에서 각각 성장의 발판을 마련한 과정이 비교가 능한지 고려했다.

이런 선정 절차를 거쳐서 IT/전자산업에는 애플과 하이얼, 의류산업에서는 유니클로와 리앤펑, 자동차산업에서는 도요타와 타타자동차, 산업재에서는 GE와 세멕스를 각각 비교 분석했다. 본 연구는 각 기업의 사례를 스토리텔링 방식으로 서술하여 누구나 쉽게 이해할 수 있도록 했으며, 실질적으로 적용할 수 있는 실용성을 갖는 데 의미를 두어 전개했다.

이와 같은 방법론에 따라 본 연구는 다음과 같이 구성되었다. 제2장 기업성장의 중요성에서는 생존과 성장의 불가분성과 성장의 어려움, 기업성장에 대한 기존 연구들을 정리해보고, 기업성장에 관한 본 연구의 관점을 정리해보도록 한다. 제3장에서는 한국기업들의 외적, 질적 성장과 향후 한국기업성장의 과제를 살펴보고, 제4장의 사례분석에서는 기업성장의 프레임워크를 제시하며, IT/전자·의류·자동차·산업재 등 각 산업별로 성장에 성공한 기업들을 진행과정에 따라 분석해보도록 한다. 마지막으로 제5장 결론에서는 앞서 분석한 내용을 바탕으로 한국기업들이 시장 리더로서 도약할 수 있는 시사점을 제시한다.

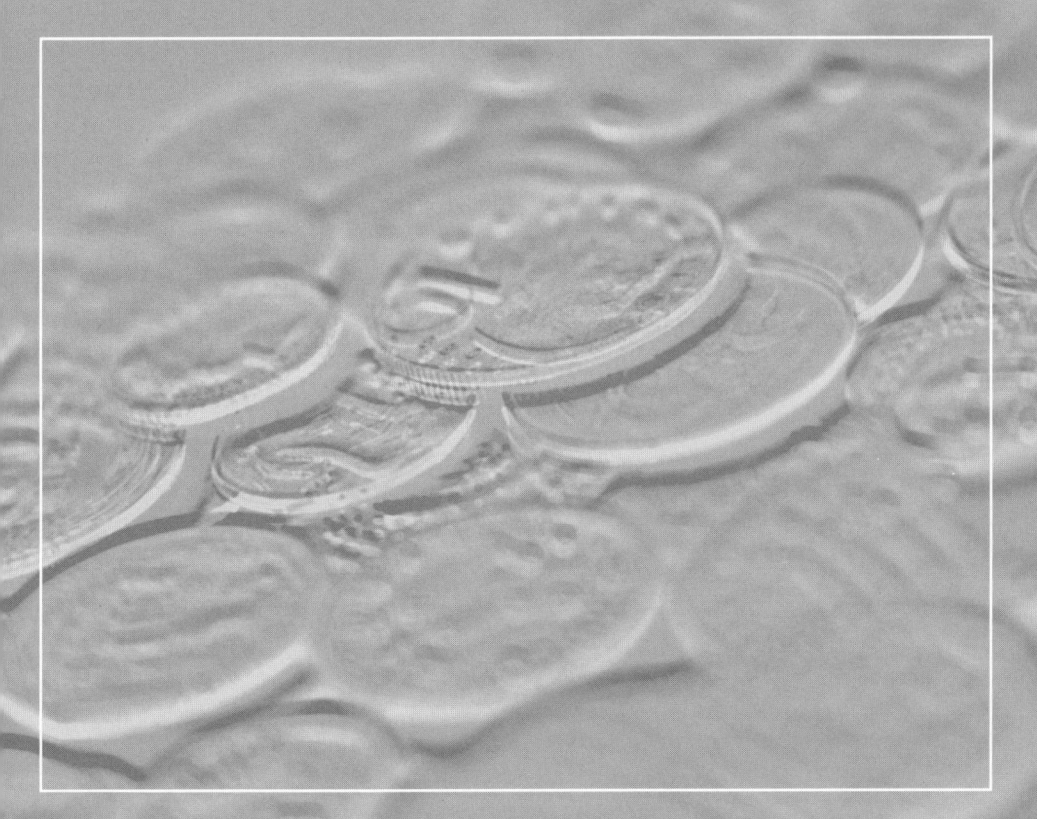

제2장

기업성장의 중요성

1 | 기업성장과 생존의 불가분성

오늘날 기업은 급변하는 국제 환경과 날로 치열해지는 경쟁, 그리고 포화 상태에 이른 시장 환경에 직면해 있다. 이러한 상황에서 장기적인 성장 엔진을 찾아 성장을 지속해나가는 것은 중요하다. 우리는 경험을 통해 성장을 멈춘 기업은 언젠가는 시장에서 도태된다는 사실을 잘 알고 있기 때문이다. 하지만 성장은 항상 지속되기 힘들고, 다음과 같이 [성장-침식-공명-쇠퇴]의 단계를 거친다.

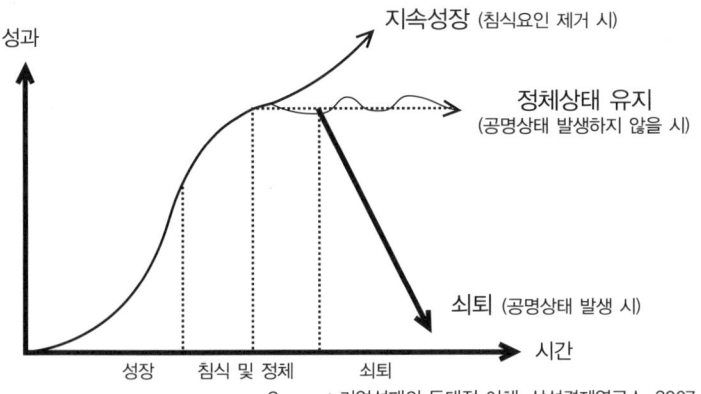

Source : 기업성패의 동태적 이해. 삼성경제연구소. 2007. 6

먼저 '성장' 단계에서는, 기업의 시스템 역량이 경영성과를 높이고 그러한 높은 경영성과가 시스템 역량을 강화시키는 선순환 구조가 나타난다. 하지만 시장과 사업이 성숙해감에 따라 혁신이 줄어들고 타성에 젖어들어 '침식' 단계에 들어선다. 성장루프의 타성적 진행으로 환경에 대처하지 못하고 적응력을 상실해나가게 되는 것이다. 이러한 내부의 침식과 외부의 위협이 상호 작용하게 되어 성과가 악화되고 시스템이 동요되면, '공명' 단계가 시작되고 공명의 충격으로 시스템 유지가 힘들어지면서 초기 시스템의 선순환이 악순환으로 전환하는 '쇠퇴' 단계로 접어들게 되는 것이다.

성장 단계를 분석함에 따라, 시장에서 생존하기 위해서는 이러한 성장 메커니즘을 지속적으로 확장해야 한다는 결론을 얻을 수 있다. 기업은 성장하여 생존하고, 생존하기 위해 성장해야 하는 것이다. 그렇기 때문에 기업성장은 모든 기업의 고민이자 과제다.

2 | 성장의 어려움

성장은 기업의 근본적인 요소이고, 기업에 있어서 성장과 생존은 불가분의 관계다. 기업의 지속적인 생존과 발전을 위해서는 그것을 뒷받침할 수 있는 성장이 있어야 한다는 것이다. 하지만 이러한 원칙을 지키는 것은 결코 쉽지 않다. 100년 이상 100대 기업의 지위를 유지하는 GE가 기업들의 선망의 대상이 되고 있는 것도 그러한 이유에서일 것이다. 다음 연구 결과를 살펴보면 기업이 지속적으로 성장하는 것이 얼마나 어려운 일인가를 알 수 있다.

(1) 포춘 50대 기업의 성장률 분석

굴지의 글로벌 기업들도 변화하는 경영환경에 놓이게 되면 지속적으로 성장하는 것이 어렵다. 『포춘(Fortune)』에서 매년 발표하는 글로벌 기업 리스트를 살펴보면, 실제로 글로벌 기업들이 변화하는 경영환경에 쉽게 적응하지 못하는 것을 알 수 있다. 그림에서 볼

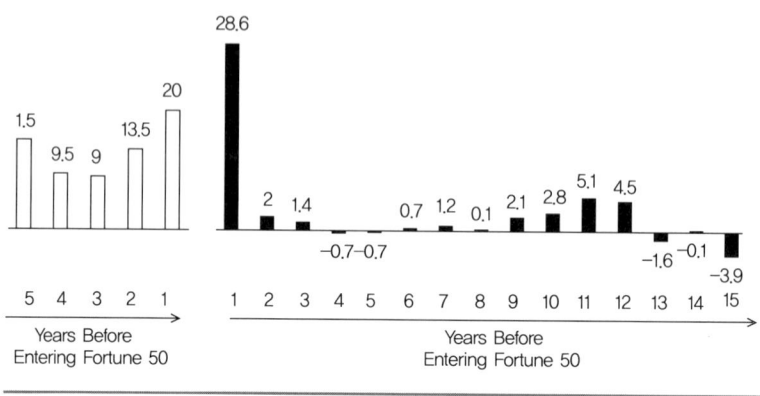

〈포춘 50대 기업의 진입과 퇴출〉

수 있듯이 『포춘』 50대 기업 리스트에 포함되기 전 5년 동안은 기업들이 평균 10~20% 내외로 성장했지만, 리스트에 포함된 이후에는 성장의 어려움을 겪었다. 리스트에 포함된 직후에 성장률이 28.6%로 뛰어오르긴 했지만, 2년째로 접어드는 시점부터 2%대의 성장에 그치게 되고 4년이 되는 해부터는 마이너스 성장을 기록하게 된 것이다.

기업들은 초기에 굳건한 기업가 정신으로 무장하고 당대를 주도하는 핵심 산업을 잘 포착하여 성공적으로 무대에 데뷔할 수는 있다. 하지만 그래프에서도 볼 수 있듯, 시간이 지남에 따라 산업이 성숙하고 경쟁이 치열해지기 때문에 지속적으로 성장을 유지하는 것은 어렵게 된다. 특히 대규모 M&A를 통해 일시에 고속 성장을 이루어낸 기업들은 성장에 더욱 큰 어려움을 겪기 마련이다.

성공 기업은 기존의 성공에 대한 도취와 지나친 자기확신으로 인해 함정에 빠지기도 쉽다. 지금껏 잘해왔기 때문에 앞으로도 잘해나갈 것이라고 생각할 수 있고, 위기요인을 잘 알고 있고 이미 대비해놓았다고 생각할 수 있으며, 설사 문제가 발생하더라도 효과적인 대응이 가능하다고 생각할 수 있기 때문이다. 이러한 생각들은 지속적인 기업성장을 어렵게 만든다.

(2) 미국 100대 기업의 정체분석(1995~2004년)

⟨미국 100대 기업 성장 정체기(1995~2004)⟩

성장 정체 기간 : 3.5년
매출 마이너스 성장기간 : 1.7년
성장 정체기 평균 매출 : 361달러

기업	성장 정체기(년)	정체기 평균 매출(달러)	정체기 평균 성장률(%)	비청체기 평균 성장율(%)
GM	7	1,798억	0.9	10.5
IBM	6	823	1.3	8.7
HP	3	426	−0.7	18.8
P&G	7	380	2.7	12.2
Johnson & Johnson	2	231	4.6	13.5
Sears Roebuck	8	398	−6.0	8.3
Motorola	6	287	−3.7	20.0
intel	3	265	5.2	20.3
Fedex	1	168	5.7	12.3
Merck	2	227	−27.3	16.9

자료 : Fortune 500. 미국 100대 기업 중 1995년부터 2004년까지 매출 자료가 입수 가능한 79개 기업 대상 분석

IBM, Intel, P&G……, 누구나 한번쯤 들어봤을 초일류 기업들이다. 사람들은 이들 기업은 끊임없이 성장을 지속했을 것이라고 생각할 것이다. 그러나 이들 기업들 또한 내부 사정과 외부 여건의 변화

에 따라 때로는 제로 성장을 하고, 또 때로는 마이너스 성장을 기록하는 등 성장과 정체를 반복했다. 글로벌 초일류 기업이라고 해서 성장통에서 자유로울 수는 없었다.

『포춘』지 선정 2004년 미국 매출 상위 100대 기업들 중 1995년부터 2004년까지 10년간 매출 자료의 입수가 가능한 79개 기업의 성장 패턴을 분석한 결과, 79개 기업 중 65개 기업이 성장정체기(GDP 성장률보다 낮은 성장률을 기록한 해)를 가졌다. 이들 기업은 평균 3.5년의 성장정체기를 가졌고, 마이너스 성장을 기록한 해도 평균 1.7년인 것으로 분석되었다. 미국의 초일류 기업들도 10년 중 약 2년은 매출의 역신장을 경험한 것이다. 실제로 시스코(Cisco Systems)의 평균 매출액 성장률은 1997년부터 2001년까지는 41.2%로 높았지만, 2002년부터 2003년까지는 -7.7%를 기록하며 2년간 정체되었다. 초고속 성장을 지속하다 일순간에 매출액이 감소세로 돌아선 것이다.

서브프라임 사태, IT버블 붕괴 등 글로벌 경제위기가 속출하는 환경에서 초일류 기업들도 어려움을 겪기 마련이다. 이는 변화하는 환경에 적절히 대응하여 성장을 지속하는 것이 얼마나 어려운 일인지를 나타내준다. 예측하기 힘들 만큼 빠르게 변화하는 시장 상황과 갈수록 경쟁이 심화되는 환경에서 생존하기 위해 노력하지 않으면, 아무리 초일류 기업일지라도 성장하기 힘든 것이다. 또한 이에 대응하여 노력하지 않는 기업에는 성장도, 생존도 있을 수 없다.

(3) 미국 100대 기업의 성과분석(1984~2003년)

Thriving and surviving

Growth and survival rates of 100 largest US companies, 1984-2003, %

① **1984-93 business cycle**
compound annual growth rate(CAGR), %

TRS for S&P 500 = 15%

	Unrewaarded n = 12 Revenues 8 TRS 11	Growth giants n = 20 Revenues 9 TRS 20
	Challenged n = 37 Revenues 1 TRS 10	TRS performers n = 31 Revenues 2 TRS 18

High ← Growth of Revenues → Low
Growth of TRS: Low ← → High
GDP = 6%

② **1984-2000 business cycle**
% companies that no longer existed by end of 2003

Unrewaarded	5
Growth giants	8
Challenged	32
TRS performers	32

③ **1994-2003 business cycle**
% companies that survived and outperformed S&P 500

Unrewaarded	65
Growth giants	58
Challenged	35
TRS performers	10

Source : Standard and Poor's ; Mckinsey analysis

기업 생존의 원천은 어디에 있는가. 이를 분석하기 위해 1984년 매출과 시장가치를 기준으로 미국의 상위 100대 기업을 선정한 후, 10년(1984~1993년) 동안의 연평균매출성장률과 연평균TRS(총주주수익률 : Total Return to Share-holder)성장률을 기준으로 기업들을 성장과 주주수익을 모두 추구한 기업들(Growth giants), 주주수익에만 매진한 기업들(TRS performers), 실속 없이 성장에만 전념한 기업들(Unrewarded), 그리고 성장과 주주수익 모두를 놓친 기업들(Challenged)의 4개 군으로 구분했다.

당장의 수익보다는 성장에만 몰두한 기업들(Unrewarded)의 매출은 GDP를 넘는 8%가 증가했으나 주주수익률은 S&P 500대 기업보다

4% 낮은 11%에 그쳤다. 반면 주주수익을 창출하는 것에만 집중한 기업들(TRS performers)의 매출은 2%로 제자리걸음을 했지만 주주들에게는 연평균 최대 18%에 이르는 수익 증가를 안겨주었다. 마지막으로 성장과 주주수익 모두를 중시한 기업들(Growth Giants)은 매출성장 9%, 주주수익성장 20%를 달성했다. 4가지 유형의 기업들은 10년 후(2003년 말) 어떤 성과를 보였을까?

우선 매출과 주주수익 모두를 도외시한 기업들(Challenged) 중 32%가 파산했다. 이는 누구나 예상할 수 있는 결과일 것이다. 주목할 만한 점은 주주수익을 증가시키기에만 전념했던 기업들(TRS performers)도 32%가 파산했다는 점이다. 이들 기업 중 높은 성과를 보인 기업들도 10%에 머물렀다. 반면, 매출성장에 집중한 기업들(Growth Giants, Unrewarded)은 각각 5%와 8%에 머무는 낮은 파산율을 보였고, 과반수 이상이 S&P 500대 기업의 평균 실적을 상회하는 높은 성과를 보였다.

매출성장과 주주수익성장 모두 생존에 중요한 요소다. 특히 높은 주가상승률은 주주들로부터 엄청난 환호를 받고 성장동력도 되어줄 것이다. 하지만 그것은 기업의 생존을 보장해주지는 못한다. 기업의 주인이 주주임은 부정할 수 없는 사실이지만, 자본주의 사회에서 그들은 언제든 수익이 더 높은 곳으로 떠날 수 있는 비정한 주인이기 때문이다. 그러므로 단기 이익을 좇아 핵심사업을 놓치고 성과에만 집착하다보면 지속적인 성장은커녕 생존조차 보장받을 수 없다. 그렇기 때문에 기업은 현재 시장에서의 점유율을 늘리는 것만 중요하게 생각하기보다는, 기존 성장동력을 키워나가는 동시에 새로운 성장동력을 발굴하며 지속적으로 성장하는 것을 중요하게 생각해야 할 것이다.

3 | 성장에 대한 기존연구

많은 기업들은 성장에 대해 큰 관심을 갖고 늘 고민한다. 그래서 이에 관한 연구 또한 많이 이루어지고 있다. 이번 장에서는 성장에 관련된 기존 연구들을 살펴보며 성장이 왜 중요한지, 성장을 하기 위해서 필수적인 요소는 무엇인지, 지속적으로 성장한 기업들의 전략은 무엇이었는지를 정리하고자 한다.

(1) Dominique Turpin의 연구(2007년)
-『Leading and Managing Profitable Growth』

Dominique Turpin는 2007년 『Leading and Managing Profitable Growth』에서 빠르게 변화하는 환경에 대응하기 위한 방법들에 대해 연구했다. 빠르게 변화하는 환경에서, 수익성 있는 성장을 이끌고 운영하는 것은 지속가능하고 경쟁력 있는 우위를 개발하는 데 중요하다. 그러므로 그는 성공하기 위해서 새로운 경영환경을 만드는 모든 요소들을 이해하고, 지속적으로 사업을 실행하는 방법들에 도전해보고, 전통적인 경영 프로세스들을 통해 혜안을 얻는 것이 필요하다고 했다.

1) 성장을 향한 경쟁의 법칙을 다시 정의하라

경영자는 새로운 관점에서 사업 전략을 다시 생각해봐야 한다. 창의적으로 시장 세그먼트를 다시 나누고, 혁신적인 가치 제안을 다시 정의하고, 보다 고객 중심적으로 조직을 운영하는 방향으로 전환함으로써 지속가능한 경쟁적 우위를 개발할 수 있기 때문이다. 현재 상태를 변화할 의지가 있고 올바른 비전을 가진 경영자가 있다면 가능성은 높아진다.

2) 사람 요소를 기초로 하라

신성장전략이 중요하긴 하지만, 성장의 핵심은 리더십과 사람을 통해 전략과 조직 능력을 일치시키는 것이다. 하이얼과 같은 중국 회사들이 만들어진 것은, 회사가 시장 니즈(needs)를 창조해낸 후 빠르고 민첩하며 차별화된 전략을 통해 사업을 성장시키고 조직 역량을 구축했기 때문이다. 이러한 과정의 기초는 바로 리더십이다.

3) 'Smart Big Moves' – 궤도 경영을 하라

현명하고 큰 움직임을 통해 궤도를 정하고 경영을 하는 것은 시간을 넘어 사업을 이끄는 중요한 요소다. 사업 환경을 개발하기 위해 적절한 동력을 이용하고 환경이 변화하는 것을 예상하여 내일을 향한 새로운 역량을 개발하는 일이 필요하다.

4) 사람을 통한 변화를 이끌어라

세계경제의 글로벌화를 통해 회사가 성장하고 번성할 기회가 주어졌다. 성공적인 경영자가 가져야 할 필수적인 능력은 변화를 다루는 것이다. 이를 위해 외부 변화와 성장 전략을 일치시키고 사람들을 신속하게 결집하는 것이 필요하다. 높은 성과를 중시하는 문화를 만들고 조직의 효율성을 향상시키는 일이 중요하다.

5) 강력한 브랜드로 시장을 선도하라

고유의 제품과 서비스를 브랜딩하는 것은 장기적인 성공을 위한 필수요소가 되었다. 차별화를 통해 브랜드를 구축하는 것이 사업 분야를 막론하고 중요해졌다. 품질이나 가격 어느 하나의 측면에서 회사를 차별화하는 것은 매우 어렵지만 방법은 있다. 분명한 정체성을 갖고, 경영진이 적절한 자원으로 브랜드를 지원하고, 의미 있는 혁신들을 지속적으로 하고, 내외부의 커뮤니케이션을 일관되게 하고, 결점 없는 경영진이 이를 지휘하는 일이 필요하다.

6) 이사회를 더욱 효과적으로 운영하라

오늘날 급변하는 경영 환경으로 이사회에 대한 관심이 더욱 쏠리고 있다. 이사회는 장기적인 관점에서 가치 창조를 하고 오늘날 급변하는 환경이 초래하는 위험을 완화시켜야 하는 책임을 가지고 있기 때문이다. 하지만 회사를 관리하는 현존하는 메커니즘들은 더 이상 적절하지 않고 기업 활동은 더욱 복잡하고 위험해져 이사회를 압도하고 있다. 그러므로 장기적인 관점에서 새롭고 근본적인 접근법으로 관리하는 일이 필요하다.

(2) W. Chan Kim, Renee Mauborgne의 연구(1997년)
  - 『Value Innovation』

W. Chan Kim, Renee Mauborgne은 1997년 하버드 비즈니스 리
뷰에 실린 『Value Innovation』에서 '왜 어떤 기업은 고성장을 유지할
수 있는 반면, 다른 기업들은 그렇지 못한가?'라는 주제를 가지고 전
세계 30개국 기업을 5년 동안 연구한 결과 고성장 기업과 그렇지 못
한 기업들의 차이는 '전략에 대한 접근 방식의 차이' 때문이라는 결
론을 내리게 되었다.

덜 성공적인 기업은 진부한 접근방식을 택하면서 경쟁에서 앞서야
한다는 사고를 하는 반면, 고성장 기업들은 '가치혁신'을 통해 경쟁
사들과는 다른 가치를 고객에게 제공하는 것을 전략의 중점으로 삼
은 것이다. 즉, 이전에는 없었던 새로운 가치를 고객에게 제공하는
것을 고성장 기업의 비결로 결론지었다. 저자들은 다음 5가지 측면
에서 전통적 전략과 가치혁신 전략이 차이점을 가진다고 보았다.

1) 업계의 가정
전통적 전략이 업계 상황을 주어진 것으로 보고 거기에 맞춰 전략을
세운다면, 가치혁신 전략은 업계의 상황을 새롭게 창조할 수 있다고
보고 스스로 성공을 위한 아이디어와 획기적인 가치도약을 추구한다.

2) 전략적 초점

전통적 전략은 경쟁사를 이기는 것을 목표로 두고 경쟁사의 장단점과 자사를 비교하여 경쟁우위를 만들어내는 것에 초점을 두는 반면(시장점유율을 놓고 경쟁), 가치혁신 전략은 경쟁사보다 앞서는 것에 집착하지 않고 획기적인 가치를 찾고 그것을 생산하는 것에 자원을 사용한다.

3) 고객

전통적 전략은 기존 고객을 유지하면서 고객의 특별한 니즈를 충족시키기 위해 제품과 서비스를 세분화하고 맞춤화하지만, 가치혁신 전략은 고객의 서로 다른 니즈에 치중하기보다는 고객들이 중요시하는 공통점에 집중하고 이를 위해 대다수 고객들을 목표로 해서 일부 기존 고객들은 기꺼이 포기할 수 있다.

4) 자산과 능력

전통적 전략은 기존 자산과 능력의 범위 내에서만 기회를 찾지만, 가치혁신 전략은 기업이 보유한 자산과 능력에 제약을 받지 않고 비즈니스 기회 자체를 더 중요하게 평가한다. 즉, 시장 환경 변화에 주목하고 이에 맞춰 기업이 새로 시작해야 할 것에 주목한다.

5) 제품과 서비스 제공

전통적 전략이 업계의 관습에 맞춰 제품과 서비스를 결정하고 이범위 내에서 제품과 서비스 제공 가치를 최대화한다면, 가치혁신 전략은 업계가 전통적으로 제공하는 제품과 서비스의 경계를 넘어서 고객들이 찾는 토털 솔루션 관점에서 생각한다.

또한 『Value Innovation』에서는 처음 새로운 가치를 창조해내고 가치혁신에 성공한 기업이라 할지라도, 경쟁사들이 모방에 나서고 시장점유율에 집착하면 전통적 전략의 덫에 빠져 후발 경쟁업체와 유사한 가치곡선을 가지게 될 수 있음을 지적하고 반복적인 가치혁신의 중요성을 강조했다. 이를 위해서 제품, 서비스, 유통이라는 3가지 플랫폼을 번갈아 활용해야 하는데, 이때 제품 플랫폼은 물리적 제품, 서비스 플랫폼은 고객서비스, A/S, 유통업자와 소매업자를 위한 지원, 유통플랫폼은 제품이 고객에게 전달되는 물류와 유통을 의미한다. 흔히 경영자들이 가치혁신을 추구할 때 제품 플랫폼에만 치중하는 경향이 있지만, 이러한 접근방식은 지속적으로 가치혁신이 어려울 수 있다. 고객과 기술 변화에 따라 각 플랫폼은 새로운 가치 혁신 가능성을 보여주게 되므로, 결국 제품, 서비스, 유통이라는 3가지 플랫폼에 대한 가치혁신을 이뤄낼 수 있는 기업이 경쟁사와는 구별되는 가치곡선 차이를 계속 유지할 수 있다고 보고 있다.

(3) Laurie, Doz, Sheer의 연구(2006년)
– 『Creating New Growth Platform』

대부분 기업들이 내부적으로 성장할 수 있는 능력이 어느 순간 한계에 다다랐을 때, 성장정체의 어려움을 극복하고자 기업이 익숙하지 않은 새로운 분야로 비즈니스 모델을 확대하거나 타기업 인수를 모색해보지만, Laurie, Doz, Sheer의 12년간 괄목할 만한 자생적 성장(organic growth · M&A 등에 의존하지 않는 기업 내부적인 성장)을 이룬 글로벌 기업 24곳에 대한 조사 결과, 이들의 공통적인 성장비결은 '신성장 플랫폼' 창출이었다고 주장했다.

신성장 플랫폼이란 기존 비즈니스와 기업역량을 성장이 가능한 신규영역으로 확대하여 이전에는 만족시키지 못했던 고객욕구를 충족시키고, 이와 관련한 다양한 제품, 서비스, 사업들을 효과적으로 개발하는 것을 말한다. 즉, 기존의 핵심역량을 활용하고 확대하여 고객의 욕구를 만족시켜나가는 것을 기업성장의 핵심으로 보고 있다.

신성장 플랫폼을 창출하기 위해서는 무엇을(What), 어디에(Where), 어떻게(How)라는 3가지 요건이 동시에 충족되어야 한다.

〈New growth platform〉

New growth platform

WHAT
trends woild enable markets to grow faster or bigger?

Enablers
(new or converging technologies,
Regulatory pressure,
and social change)

WHERE
can we make a difference

Customer Problems
(unmet, unserved or latent customer needs leading to market

HOW
can we make a difference?

Capabilities (identifying and Assembling capabilities, process, and leveragable assets)

1) 무엇을(What) : 기술발전, 사회적 변화 등 새로운 트렌드

2) 어디에(Where) : 충족되지 않은 고객의 욕구

3) 어떻게(How) : 새로운 도메인을 기회로 활용할 수 있는 실제적, 잠재적 능력(핵심역량)

이와 같은 3가지 요건을 충족하고 신성장 플랫폼을 창출한 사례로 UPS를 들 수 있다. UPS는 본래 배달, 포장 비즈니스를 업으로 삼았었지만, 전 세계적으로 정보와 운송, 지불 등을 통합할 수 있는 기술발전(What), 배송 중 물품의 흐름을 이해하고 컨트롤하고자 하는 고객의 욕구(Where), 고객의 주문에 따라 신속하고 정확하게 물건을 배송하는 운송능력(How)의 공통분모인 신성장 플랫폼을 개발하여 컴퓨터 생산업체들의 운반 부문 아웃소싱 기업으로 성장할 수 있었다.

(4) Ansoff의 연구(1945년)
- 『Strategies for Diversification』

Ansoff는 기업이 보유하고 있는 상품 · 기술과 시장 · 고객을 축으로 하여 기업성장에 대해 다음 4가지 전략을 도출할 수 있다고 보았다.

1) 시장침투전략(Market Penetration) : 기존제품으로 기존시장과 고객에게 진입하여 시장점유율을 높여 성장하는 전략으로, 광고 등을 통해 시장을 키우고 경쟁 기업보다 더 좋은 품질과 성능의 상품을 경쟁력

있는 가격에 충분한 유통망을 통해 판매함으로써 경쟁 기업의 소비자를 빼내오는 방법.

2) 시장개발전략(Market Development) : 기존제품으로 새로운 시장을 개척하는 방법을 통한 기업의 성장전략. 상품에 대한 서로 다른 시장의 요구를 찾아내거나 지역적인 시장의 한계를 넘어서는 방법으로, 내수판매만을 하던 기업이 같은 상품을 해외 넓은 마켓으로 판매하는 경우를 들 수 있음.

3) 제품개발전략(Product Development) : 기존시장에 새로운 제품으로 진입하는 것으로, 특정 상품으로 고객 군이나 시장을 가진 기업이 같은 고객을 대상으로 다른 종류의 상품 판매를 통해 기업을 성장시키는 전략. 고객과의 관계형성, 강화를 통해 시장에서 경쟁우위를 점하고자 하는 기업들이 많이 활용하고 있으며 충성도 높은 고객을 보유하고 적절한 시기에 기존 고객들의 욕구를 충족시켜주는 다양한 상품을 제공할 수 있음.

4) 다각화전략(Diversification) : 자신의 사업 분야와는 완전히 다른 시장에 새로운 제품으로 진입하는 전략으로 가장 위험도가 높은 성장전략임.

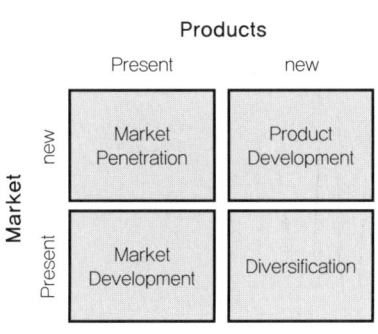

(5) Christopher DiCenso의 연구
-『Six Dimensions for Growth』

Christopher DiCenso는 '직원이 사업을 어떻게 성장시켜나가야 할지 질문할 때, CEO가 직원들과 충분히 커뮤니케이션하며 구체적인 방안을 제시할 수 있는가' 라는 질문을 던지며 연구를 시작한다. 그는 많은 CEO들이 이러한 질문들에 대해 직원들과 충분히 커뮤니케이션하지 못하고 있기 때문에 이러한 논의가 중요하다고 판단했다. 그렇기 때문에 6가지 차원을 언급하며 성장을 위한 방향과 그에 따른 유의점 등을 제시했다.

1) 다른 사업과 인수 또는 합병하라

M&A를 통한 성장은 최대 효과를 낼 수도 있지만, 항상 예상하는 바와 결과가 같지 않기 때문에 엄청난 위험 또한 안고 있다. 그렇기 때문에 현재 사업을 운영하는 것보다 M&A에 너무 많은 힘을 쏟는 것은 위험하다는 사실에 유의해야 한다.

2) 가격을 올려라

하지만 일반적으로 가격 감소가 선호되는 게 당연하기 때문에, 시장에서 가격을 올리는 것을 원치 않으며, 장기적인 관점에서 건전한 전략이 아니기 때문에 가격을 올리는 것은 쉬운 일이 아니다.

3) 기존 고객에게 기존 제품과 서비스를 판매하라

기존 고객에게 기존 제품과 서비스를 판매하는 시장침투전략은 아직까지 충분히 활용되고 있지 않다. 하지만 기존 고객이 수입의 최대 원천이라면, 이러한 고객에게 더 많이 판매하기 위한 방법을 강구하는 것도 좋은 대안이다. 이때 실행 가능한 전략은 현재 고객들이 사지 않고 있는 제품과 서비스를 사게 만드는 것이다. 이 전략은 기존 고객과 제품을 활용한다는 측면에서 실패 위험이 적지만 잠재적 성장 또한 한정된다는 한계를 가진다.

4) 기존 고객에게 새로운 제품과 서비스를 판매하라

기존 고객은 이미 제품과 서비스를 구입하고 있기 때문에 추가로 신제품과 서비스를 팔 때에도 유용할 수 있다. 그러므로 기존 제품과 서비스의 라인업을 확장하거나 수정하는 제품개발전략을 활용할 수 있다. 이에는 기존 고객이 신제품과 서비스를 구매하지 않을 수도 있다는 위험이 따르기도 하지만, 판매만 된다면 고객 기반을 넓힐 수 있는 좋은 방법이 될 수 있다.

5) 기존 제품과 서비스를 새로운 고객에게 판매하라

새로운 고객에게 기존 제품과 서비스를 판매하는 시장개발전략은 실행하기에 어렵지만 성장 잠재력이 크다는 점에서 매력적이다. 이를 성공시키기 위해서 새로운 고객 세그먼트를 타깃으로 설정하여 독특한 판매 전략이나 마케팅으로 접근할 필요가 있다.

6) 새로운 제품과 서비스를 새로운 고객에게 판매하라

다각화 전략은 가장 위험이 큰 전략이지만 성장 잠재력 또한 가장 크다. 신제품과 서비스가 성공적이기만 하다면 보상은 상당할 것이다.

이와 같은 6가지 차원을 검토했다면, 얼마나 성장할 것인지 양을 정하는 것이 필요하다. 회사가 얼마나 많은 신규 고객을 필요로 하고, 얼마나 많은 신제품과 서비스를 필요로 하며, 타깃팅한 신규 고객에게 제품과 서비스를 팔기 위해 얼마나 많은 판매사원을 필요로 하는지를 정해야 하는 것이다.

특히 3)에서 6)까지의 4가지 차원은 앞에서도 다룬 Ansoff의 성장 전략인데, 이를 적용하여 65% 정도는 기존 고객에게 제품과 서비스를 판매하는 것을 확장하고, 15%는 기존 고객에게 신제품과 서비스를 판매하는 등의 전략으로 구체화하는 것이 좋다. 이처럼 명확한 메시지를 통해 직원들과 커뮤니케이션하고 실행할 수 있다면, 성장 가능성이 높아질 것이 분명하다.

(6) Chris Zook의 연구(2003년)
-『Growth outside the core』

지속적인 수익성을 제공해주는 성장 방식(Growth Practice)을 알기 위해, 2003년 Chris Zook은 최근 1,850개 기업의 성장에 대한 5년간의 연구를 끝마쳤다. 구체적인 성장의 움직임을 추적 조사했고, 그것을 개별 기업의 성과에 연계시켰다. 연구를 통해서 Chris Zook은 기업

성장에 관해 두 가지 결론을 도출해낼 수 있었다.

첫 번째는 가장 수익성을 유지한 성장은 자사의 핵심사업을 인접한 영역으로 확장할 때 발생한다는 점이다. 인접 영역으로 확장하는 구체적인 방법은 다음과 같다.

● 인접 영역으로 확장하는 6가지 방법

1) 가치사슬을 확장하라. ex) 도매업에서 소매업으로 확장한 De Beers

2) 새로운 상품과 서비스를 개발하라. ex) 글로벌 서비스로 확장한 IBM

3) 새로운 유통경로를 사용하라. ex) 월마트에 판매하기 시작한 EAS

4) 새로운 곳에 진출하라. ex) 영국으로부터 유럽, 미국, 독일, 일본으로 확장한 Vodafone

5) 기존의 상품과 기술을 변형하여 새로운 고객층에 초점을 맞춰라. ex) 어음 할인 중개인으로 자문 서비스를 확장한 Charles Schwab

6) 강력한 신사업을 통해 미개척 분야로 이동하라. ex) Sabre 예약 시스템을 통해 온라인 여행사 Travelocity까지 만들어낸 American Airline

두 번째 결론은 지속적으로 예측 가능한 반복적인 방식으로 자신의 영역과 사업의 경계를 확장하는 공식을 발전시킴으로써 수익성에서 경쟁업체를 크게 앞지르는 것이다. 성공적인 공식의 반복 능력은 기업으로 하여금 성장을 체계화하도록 해주며, 학습 곡선의 이익 극대화 이점을 거두게 해준다. 반복적인 방식으로 사업경계를 확장함으로써 얻을 수 있는 경쟁우위는 다음과 같다.

● **반복으로부터 얻을 수 있는 경쟁우위**

1) 학습 곡선 효과 : 반복적인 모델을 통해 처음보다 진보하여 기술을 연마하고 과정을 체계화할 수 있다. 경험으로부터 더 나은 조직력을 얻을 수 있다.

2) 복잡성의 감소 : 반복을 통해 시스템을 변화시키지 않고도 인접 분야로의 이전 및 확장이 쉽기 때문에 수익을 창출할 수 있다.

3) 신속성 : 시작과 끝을 성공적으로 반복해내어 인접분야로의 이동을 신속히 할 수 있다.

4) 전략의 분명함 : 성장 전략을 분명하게 이해하는 것은 생각보다 힘들다. 반복을 통해 전략을 분명히 이해할 수 있게 되어 수익성을 올릴 수 있다.

또한 Chris Zook은 기업의 성장을 가능하게 하는 '성공적인 확장을 위한 반복'은 고객으로부터 만들어짐을 강조하며 고객의 행동으로부터 통찰력을 얻는 것이 회사가 만들어야 할 중요한 연결고리라는 점을 지적했다. 기업은 고객세분화, 고객의 제품 구매비율 높이기, 고객의 주변 영역을 반영하는 노력을 통해 고객의 기호를 잘 파악하고 발견되지 않은 기회를 포착할 수 있도록 해야 한다.

(7) Chris Zook의 연구(2007년)
-『Finding your next core business』

Chirs Zook은 2007년 하버드 비즈니스 리뷰에 『Finding your next core business』를 게재하여 급변하는 환경에서 핵심사업을 언제 근본적으로 바꿀 것인지, 그리고 신 핵심사업을 어떻게 결정할 것인지에 대해 3년 동안 연구했다.

Chirs Zook은 선두 기업이 쉽게 뒤집을 수 없는 구조나 원가를 가진 분야에 새로운 기업이 진입할 때 원가를 절감하거나 고객가치를 창출하는 등의 새로운 방법을 찾지 못할 경우 전략에 실패하게 된다고 지적했다. 지속되는 성장 공식을 핵심 전략으로 유지하지 못한 것이다. 기업이 계속적으로 성장하기 위해서는 차별성을 보유한 새로운 핵심을 찾아내어 새로운 성장 공식을 찾아야 한다.

이를 위해 Chirs Zook은 핵심사업이 유지되고 있는가를 측정하는 방법을 연구했고, 핵심사업을 변화시킨 기업들을 심층 조사하여 redefining의 올바른 방법을 알아냈다. 그 결과, 장수하는 기업은 일반적으로 focusing, expanding, redefining의 3단계를 걸친다는 것을 밝혀냈다. redefining 과정에서 숨겨진 자산(Hidden Asset)을 발굴해내고 단계를 거쳐 새로운 핵심사업으로 뻗어나가는 것이다.

Chirs Zook은 숨겨진 자산을 새로운 전략의 가장 중요한 항목으로 보고, 전략을 재정립할 때 회사가 간과하고 저평가하고 사용하지 않았던 자산들을 과소평가해서는 안 된다고 강조했다. 숨겨진 자산은 다음 3가지에서 발견할 수 있다.

1) 저평가된 비즈니스 플랫폼 : 개발되지 않은 인접영역, 핵심사업만을 지지하는 조직, 비핵심사업, 지원을 받지 못하는 상품

2) 고객에 대한 미개발된 통찰 : 발견되지 못한 부문, 우선적 접근권, 충분히 활용되지 못하는 데이터와 정보, 핵심고객에 대한 깊은 이해 필요

3) 개발되지 않은 능력 : 회사의 숨겨진 능력, 다양한 사업부에서의 비핵심능력, 다양한 사업부에 영향을 미치지 못하는 핵심능력

4 | 기존연구의 한계와 본 연구의 관점

　앞에서 살펴본 기존 연구들은 고성장 기업에 대한 원인을 다양한 측면에서 살펴보고 있다. W. Chan Kim, Renee Mauborgne은 가치혁신을 통해 이전에는 없었던 새로운 가치를 고객에게 제공하는 것을, Laurie, Doz, Sheer는 기존 가지고 있던 핵심역량을 신규영역으로 확대하여 신성장 플랫폼을 창출하는 것을 성장비결로 결론짓고 있으며, Ansoff는 제품과 고객을 기존/신규로 구분하여 기업성장 방법에 대한 매트릭스를 도출해내고 있다. 또한 Chris Zook는 핵심사업을 인접한 영역으로 확장하는 것을 기업의 반복적인 공식으로 내재화할 수 있을 때 경쟁우위를 창출한다고 보았다.

　그러나 각 연구들은 과거 고성장 기업들이 성공할 수 있었던 요소나 방법이 어떤 것이었는지에 대한 설명에 초점을 맞추고 있을 뿐, 당시 상황에 유기적으로 대응해나가는 프로세스적 관점이 부족하다. 즉, 기업이 성장할 수 있었던 비결에만 주목하여 그러한 성장을 가능하게 만든 전후 인과관계에 대해 충분한 답을 내놓지 못하고 있다.

　따라서 본 연구는 기존 성장에 관한 연구가 지닌 한계점을 극복하기 위해, 기업성장을 '장기적으로 생존하고 지속적으로 발전하기 위해 환경에 적극적으로 대응하며 진화하는' 동태적인 관점에서 접근하고 있다.

기업의 경영환경은 불확실성으로 가득 차 있으면서 끊임없이 변화하고, 기업은 기계적 구조물보다는 환경과 상호작용하며 스스로 생각하고 행동하는 생물체에 가깝다. 기업은 위협과 기회를 동시에 가지고 있는 변화하는 환경 속에서 능동적으로 대응하며 지속적으로 생존, 성장하고 있다. 따라서 본 연구는 성장기업의 '진행과정' 을 기본 밑바탕으로 삼고 기업사례분석과 성장프레임워크를 도출함으로써, 기업이 환경변화 속에서 어떻게 기회를 포착하고 창조적 비전과 혁신적 실행을 통해 성장할 수 있었는지 알아보도록 한다.

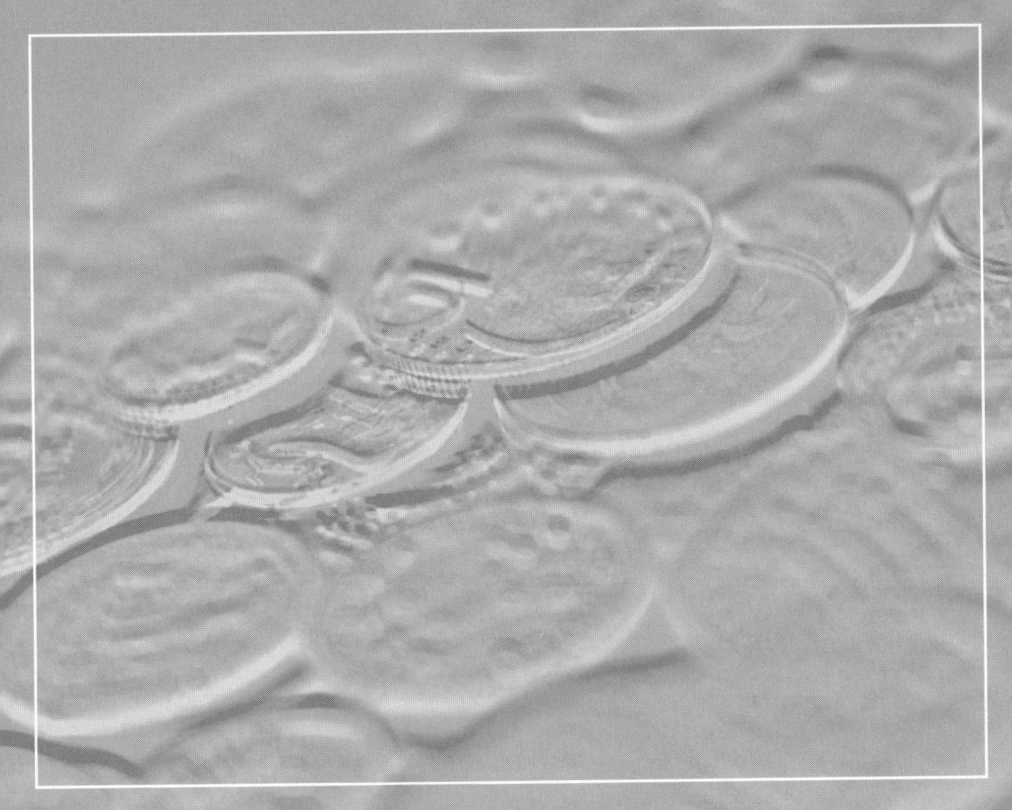

제3장

한국기업의 성장 현황

1 | 한국기업의 외형적 성장

(1) 국내 기업의 경영성과 분석

국내기업의 경영성과 분석에서는 최근 6년 사이 주요 산업 내(제조업, 서비스, 도·소매업) 국내 기업들의 매출과 영업이익 변화와 제조업 내 주요 분야에서 활동하는 대기업의 최근 6년 사이 매출과 영업이익 변화를 조사한다.

1) 주요 산업별 분석

① 매출 성장

국내 주요 산업 분야인 제조업, 서비스업, 도매 및 소매업 내 종사하는 기업의 6년치 매출 변화를 조사해보면 최근 6년 동안 연평균 10% 이상의 꾸준한 성장을 지속해왔음을 알 수 있다. 제조업 내 종사하는 국내 기업들은 2003년 총 600조 원의 매출을 기록했으며 2008년에는 1,200조 원의 매출을 기록했다. 이는 연평균 성장률(CAGR로 계산) 11%에 해당하는 수치다. 서비스업과 도·소매업의 성장추이

〈주요 산업 내 기업들의 매출 변화〉

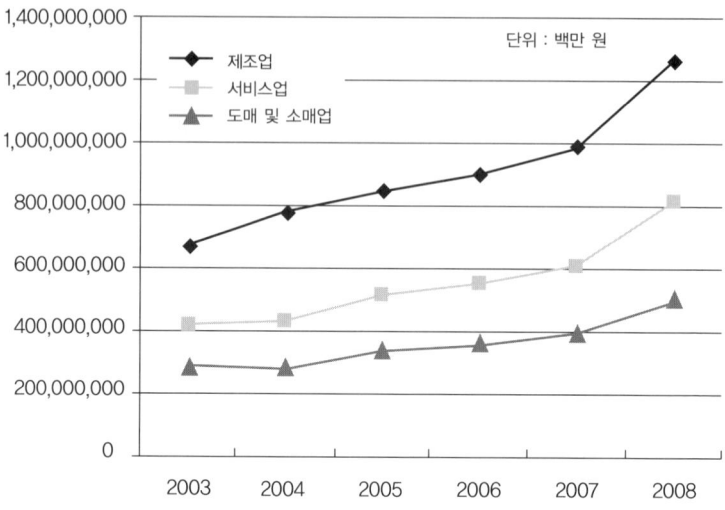

(자료 : 한국은행 경제통계 Database)

도 제조업과 유사하다. 서비스업은 2003년 400조 원에서 2008년 800
조 원으로 성장했으며 연평균 12% 성장을 기록했다. 도·소매업은
2003년 260조 원에서 2008년 480조 원으로 연평균 10% 성장했다.

② 영업 이익 성장

국내 주요 산업 분야인 제조업, 서비스업, 도매 및 소매업 내 종사
하는 기업들의 6년치 영업이익률을 조사해보면 영업이익 또한 꾸준
히 증가해온 것을 알 수 있다. 제조업은 2003년 45조에서 74조로 성
장했으며, 서비스업은 21조에서 36조로, 도·소매업은 11조에서 15
조로 성장했다. 이를 연평균 성장률로 나타내면 각각 9%(제조업),
9%(서비스업), 6%(도·소매업)에 해당한다.

〈주요 산업 내 기업들의 영업이익 변화〉

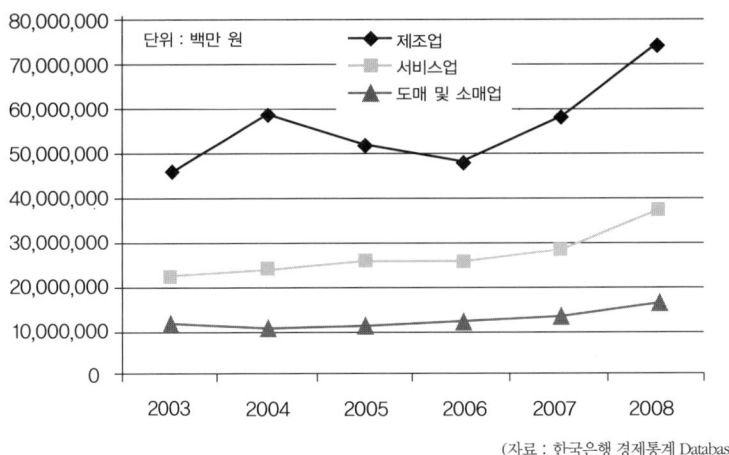

(자료 : 한국은행 경제통계 Database)

2) 제조업 내 주요 분야별 분석[2](최근 6년)

우리나라는 제조업 분야의 성장을 바탕으로 성장한 나라다. 특히 제조업 분야 중 삼성전자와 LG전자, 포스코와 현대자동차 등 전자 분야, 철강 분야, 자동차 분야에서 활동하는 대기업들은 우리나라의 성장을 이끈 주요 동력원이었으며 이들 기업의 성장을 고찰해봄에 따라 한국기업의 외형적 성장을 추정해볼 수 있다.

① 매출 성장

철강 분야(1차 금속), 전자 관련 분야,[3] 자동차 분야 내 대기업의

2_ '주요 산업별 분석'에서는 국내 모든 기업에 대한 통계 수치이며, '제조업 내 주요 분야별 분석'은 대기업에 대한 통계 수치임.

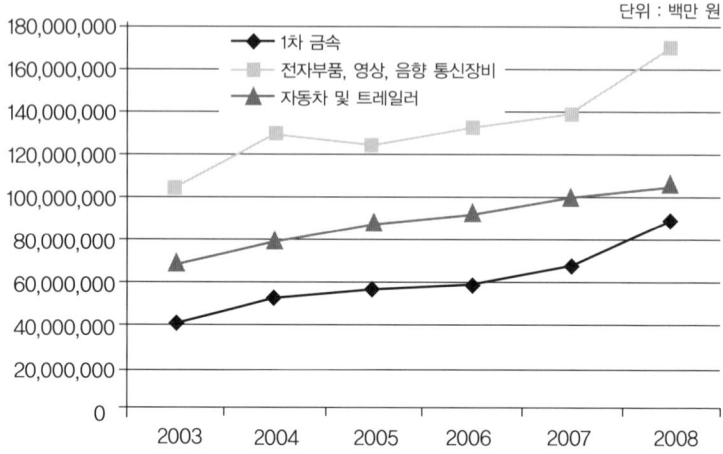

〈분야별 대기업의 매출 변화〉

단위 : 백만 원

- ◆ 1차 금속
- ■ 전자부품, 영상, 음향 통신장비
- ▲ 자동차 및 트레일러

(자료 : 한국은행 경제통계 Database)

2003년부터 2008년까지의 매출 변화를 살펴보면 1차금속 분야는 2003년 37조 원의 매출을 시작으로 매년 15%의 꾸준한 성장을 보여 2008년에는 86조 원까지 성장했다는 것을 알 수 있다.

특히 금융위기가 도래한 2008년에도 전년도 대비 20% 이상 매출이 성장하는 고속성장의 모습을 보여주었다. 전자 분야는 2003년 101조 원에서 2008년 169조 원까지 평균 9%의 성장을 기록했으며, 철강 분야와 마찬가지로 금융위기 속에서도 높은 성장을 기록했다(137조 원에서 169조 원으로 성장). 자동차 분야는 66조에서 104조로 성장했다(평균 8%).

3_ 전자부품, 영상, 음향, 통신장비 분야는 상세업종 구분으로 삼성전자와 같은 한국 전자 기업의 포트폴리오와 일치하지는 않음.

〈분야별 대기업의 영업이익 변화〉

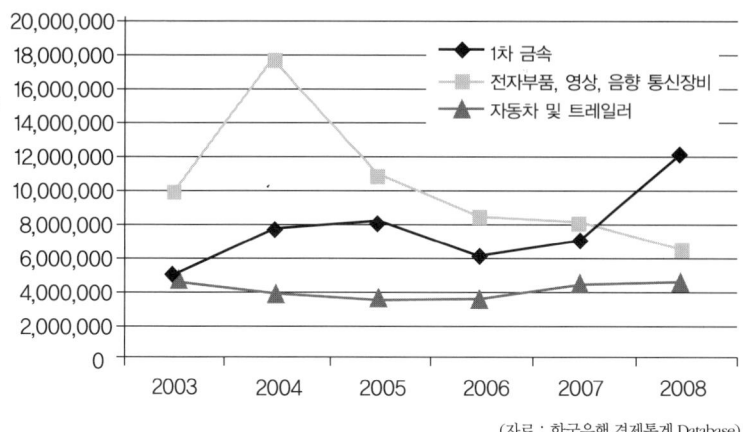

(자료 : 한국은행 경제통계 Database)

② 영업이익 성장

　제조업 내 주요 분야에 종사하는 대기업의 영업이익과 관련하여 가장 큰 특징은 전자 분야의 영업이익이 꾸준히 감소하고 있음을 들 수 있다. 전자 분야는 2004년 17조 원의 영업이익을 기록한 뒤 매년 꾸준히 감소하여, 2008년에는 6조 원까지 감소했다. 반면 철강(1차금속) 분야 대기업의 영업이익은 큰 폭으로 상승했다. 2003년 4조 원에서 2008년 12조 원으로 연평균 17%씩 성장했음을 알 수 있다. 자동차 및 트레일러 분야는 등락을 거듭하여 평균 3조 원에서 4조 원의 영업이익을 꾸준히 기록하고 있음을 알 수 있다.

(2) 국내 주요 기업의 성장

1) 매출액 Vs. GDP

〈GDP 순위와 국내 대기업의 매출액 비교〉

순위	국가 및 기업	GDP 및 매출(원)
15	한국	1,000조
48	필리핀	183조
50	이집트	179조
	삼성전자	72조
66	슬로베니아	60조
69	에콰도르	57조
71	불가리아	54조
	SK에너지	45조
79	케냐	37조
	현대차	32조
84	우즈베키스탄	30조
	포스코	30조
89	카메룬	25조
91	파나마	25조
100	볼리비아	18조

자료 : World Development Indicators database, World Bank, October 2009 Database

2008년 주요 국가별 GDP와 국내 주요 기업의 매출액을 비교하면 국내 기업이 세계무대에서 얼마나 성장했는가를 알 수 있다. 삼성전자의 2008년 매출액은 72조 원으로써 전 세계 국가들과 비교하여 이집트보다는 낮고, 슬로베니아보다는 높은 수준에 이른다. 삼성전자를 기업이 아닌 국가로 보고 순위를 매길 경우 63위에 랭크된다. SK

에너지나 현대자동차, 포스코도 전부 100위 안에 랭크되어 국내 대기업의 규모가 국가와 비견할 만큼 성장했음을 알 수 있다.

2) 세계시장 점유율

한국의 반도체 · 휴대전화 · 디스플레이 · 자동차 · 조선 등 5대 주력상품의 세계시장 점유율을 통해 한국기업성장을 확인할 수 있다. 삼성경제연구소에 따르면 2009년 한국의 반도체 · 휴대전화 등 5대 주력상품의 세계시장 점유율이 사상 최고치를 기록하고 있다. 반도체 D램의 경우 세계시장 점유율이 2008년 49.6%에서 2009년에는 61.0%로 11.4%포인트나 급등했고 '1강(삼성), 3중(하이닉스, 엘피다, 마이크론)' 구도를 분명하게 정착시켰다. 휴대전화 역시 지난해보다 약 6%

〈국내 주력제품의 세계시장 점유율〉

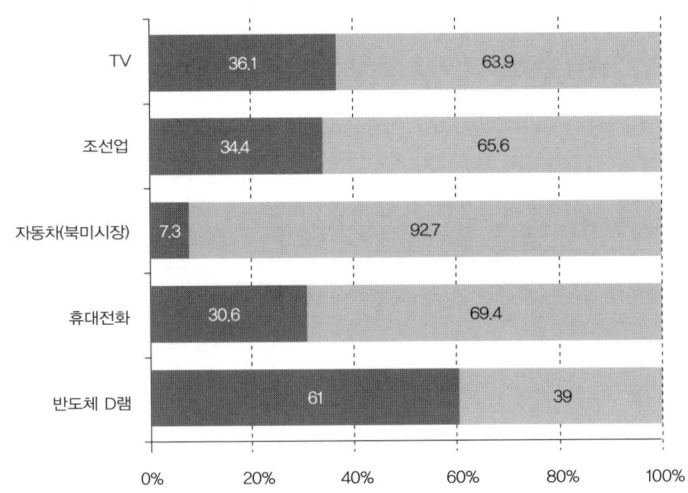

(자료 : 조선일보, 'D램 · TV · 조선 · 휴대폰 · 자동차, 세계시장 점유율 사상최고' 기사 인용, 2009.12.24)

증가한 30%에 안착했고, 자동차는 북미시장에서 작년보다 2.2% 증가한 7.3% 점유율을 보이고 있다. 조선업 또한 1% 정도 상승하여 34.4%를 기록하고 있고, TV 또한 약 2.5% 증가하여 세계시장 속에서 성장하는 한국기업을 잘 나타내고 있다.

2 | 한국기업의 내면적 성장

(1) 기술격차 추이

한국기업들은 90년대 들어 저임금의 노동력을 바탕으로 추격해오는 신흥국들을 따돌리고 경쟁력을 확보하기 위해 질적고도화를 추구하기 시작했으며, 이 같은 노력은 대규모 R&D 투자를 통해 신사업에서 제품 경쟁력을 확보하고자 하는 움직임으로 나타났다.[4]

한국기업의 내면적 성장은 국내 기업이 보유한 기술

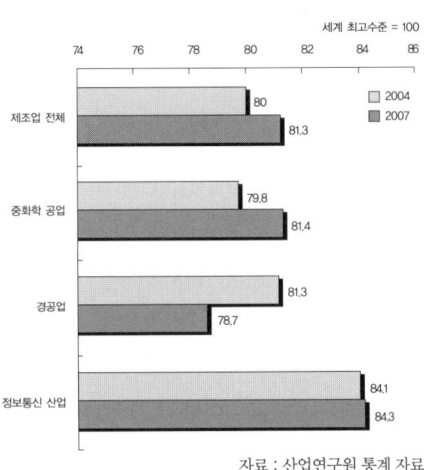

〈업종별 국내기업 기술 수준〉

자료 : 산업연구원 통계 자료

4_ 정구현 외, 『한국의 기업경영 20년』, 삼성경제연구소, p. 84

력의 성장을 통해 확인할 수 있다. 국내 기업은 경공업을 제외하고 세계 최고수준의 기술에 점차적으로 접근하고 있는 것으로 알 수 있다.

제조업의 경우 2004년 80포인트 단계에서 81.3포인트로 성장했고, 정보통신의 경우도 0.3포인트 성장했다. 중화학공업의 경우는 1.6% 이상 성장했음을 알 수 있다.

(2) 브랜드 파워

글로벌 컨설팅업체인 인터브랜드(Interbrand)가 비즈니스위크와 함께 매해 발표하는 '세계 100대 브랜드 가치(Best Global Brands 100)' 순위변화를 보면 한국기업의 브랜드 가치가 지속적으로 성장했음을 알 수 있다. 브랜드 가치란 특정 브랜드를 화폐로 환산했을 때의 가치로서,

〈글로벌 100대 브랜드 순위〉

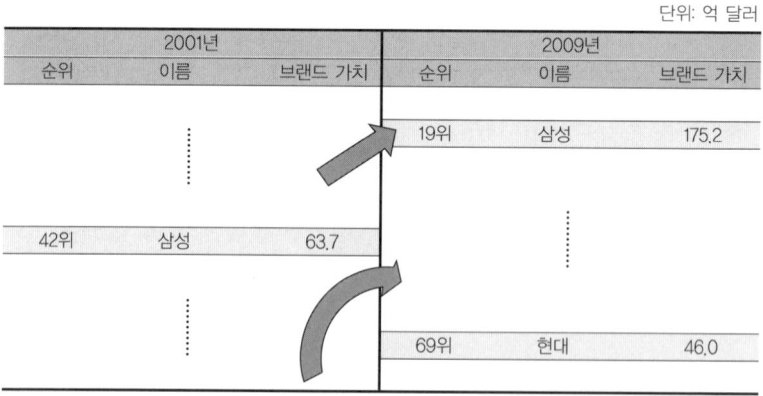

단위: 억 달러

2001년			2009년		
순위	이름	브랜드 가치	순위	이름	브랜드 가치
			19위	삼성	175.2
42위	삼성	63.7			
			69위	현대	46.0

(자료 : Interbrand)

기업의 소프트웨어 파워를 보여주는 지표로 활용되고 있다.

삼성전자는 2001년 처음으로 100위권 진입 이후 그 브랜드 가치가 매년 지속적으로 성장해 2009년 브랜드 가치가 175.2억 달러에 이르렀으며, 이는 10여 년 전과 비교하여 약 3배 이상 성장한 수치다. 이 같은 성장은 글로벌 일류가 되기 위해서는 철저한 브랜드 관리가 선행되어야 한다는 것을 간파하고 90년대 후반부터 '브랜드 경영'을 적극적으로 추진한 결과다. 예를 들어 삼성은 적극적인 브랜드 경영의 일환으로 실행전담조직을 두고 브랜드관리를 총괄하도록 했다. 글로벌 마케팅실에서 글로벌 브랜드 전략을 총괄하게 하고 CEO는 직접 브랜드 관련 이슈들에 참여해 지원함으로써 기업브랜드와 제품브랜드 간, 그리고 각 세분시장 간에 일관성과 효율성을 유지하고 다양한 소비자 접점에서 통합적인 브랜드 관리가 이루어지도록 했다.

현대자동차 역시 90년대 후반부터 실행한 10년 10만 마일 품질보증을 통해 브랜드 이미지를 꾸준히 향상시켜나갔다. 2005년 처음으로 100대 브랜드에 이름을 올린 현대자동차는 최근 세계적인 경기침체기에 대응하여 실직 시 차를 되사주는 파격적인 마케팅과 제네시스 같은 고급세단을 출시하며 브랜드 이미지를 높여가고 있다. 이 같은 노력을 통해 과거 저품질, 저가의 차로 인식되던 현대자동차 이미지를 고품질, 적당한 가격의 실용적이고 합리적인 브랜드로 새롭게 소비자들에게 인식시키는 데 성공했다는 평가를 받고 있다.

3 | 한국기업의 성장 모멘텀

(1) 끊임없는 성장에 대한 도전

국내기업은 높은 저축률을 바탕으로 끊임없는 투자, 기업가 정신을 바탕으로 끊임없는 성장에 대한 도전을 추구했다. 2003년 이후

〈국내 총 저축율과 총 투자율〉

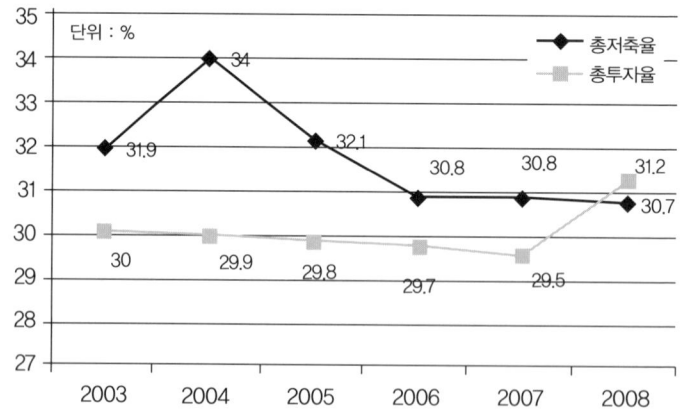

(자료 : 한국은행 경제통계 Database)

국내 총 투자율은 30%대를 늘 유지했으며, 삼성전자, 현대자동차, 포스코, LG전자와 같은 국내 선두기업들은 좁은 국내 내수시장의 한계를 극복하기 위해 끊임없이 투자하고, 해외시장을 개척하여 성장동력을 확보해왔다.

'하면 된다'는 정신으로 무에서 유를 창조해낸 한국의 기업가 정신은 2008년 스위스 국제경영개발연구원(IMD)이 발표한 '세계경쟁력연감(World Competitiveness Yearbook)'에서 55개국 중 2위에 올랐으며, 피터 드러커는 자신의 저서 『넥스트 소사이어티』에서 기업가 정신의 1등은 한국이라고 평가하기도 했다.

(2) 성장동력의 변화를 추구

한국기업은 그동안 경공업 중심의 성장에서 건설업과 중화학, 전자 및 선박으로 이어지는 주력사업의 끊임없는 변화를 통해 성장동력을 새롭게 구축해왔다. 특히 삼성의 경우 가전에서 반도체, 반도체에서 휴대폰과 LCD로 이어지는 성장동력의 새로운 모색을 통해 성장해왔다고 할 수 있다. 20세기 후반 들어 IT산업의 경우 컴퓨터, 반도체, 통신 중심의 기술적 기반 위에 인터넷이 확산되며 디지털 빅뱅이 촉발되었으며, 모든 기업이 원점에서 새로운 경쟁에 직면하게 되었다. 삼성, LG 등 국내 주요 기업들은 디지털을 뉴밀레니엄의 키워드로 선정하는 동시에 연구개발투자비를 증액하고 디지털 기술에 중점 투자하며 선두기업으로 도약할 수 있었다.[5]

(3) 파트너십 경영

우리나라는 자원이 부족하고, 시장이 좁아 끊임없이 국제화를 시도했으며, 이 과정에서 경쟁력을 강화하고, 경영의 효율성을 위해 다양한 글로벌 기업들과 협업을 하게 되었으며 이러한 파트너십 경영이 한국기업성장의 모멘텀으로 자리매김하게 되었다. 예를 들어 삼성은 도시바와 반도체 산업에 있어 서로 경쟁관계지만 낸드 플래시 메모리 분야에 있어 서로 협력하기도 했다(2007년). 삼성과 도시바는 서로의 라이선스를 공유해 각각의 제품을 생산 판매하는 것으로 휴대 기기용 낸드 플래시 제품 라인업을 강화한다는 전략 하에서 이러한 협력을 체결했다. 또한 현대자동차와 GE플라스틱도 신기술분야에서 함께 협력하기도 했다.

〈국내 주요기업의 파트너십 경영〉

5_ 정구현 외(2008), 『한국의 기업경영 20년』, 삼성경제연구소, p. 229

4 | 시사점

(1) 성장에 대한 의문

1) 내부적 효율성에 의심

앞서 살펴본 매출 성장추이와는 다르게 영업이익률에 대한 성장은 이루어지지 못한 것으로 판단된다. 제조업 내 기업들의 영업이익은 2003년 45조를 기록했고 2008년 74조를 기록하여 매년 9%의 꾸준한

〈주요 산업 내 영업이익률 변화〉

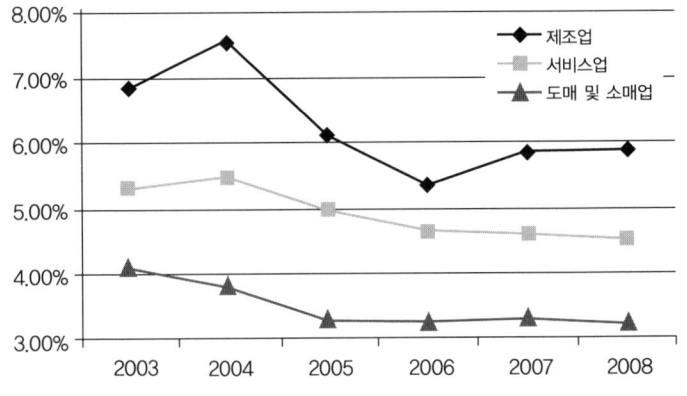

(자료 : 한국은행 경제통계시스템 Database)

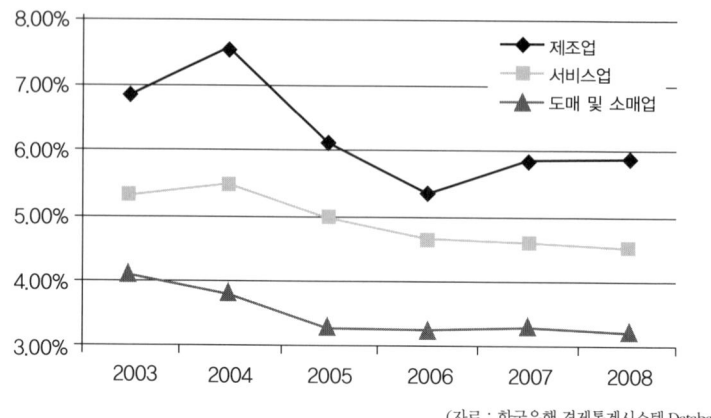

〈제조업 내 주요 분야별 영업이익률 변화〉

(자료 : 한국은행 경제통계시스템 Database)

성장을 기록했으나 이는 높은 매출 성장에 기인한 것으로 판단되며 기업 내부적 효율성은 떨어진 것으로 판단된다.

이러한 내부적 효율성에 대한 의심은 영업이익과 순이익을 비교해 봐도 알 수 있다. 다음 그림은 LGERI에서 발간한 "최근 글로벌 기업 과 한국기업의 경영성과 비교"라는 리포트에 기재된 자료로 국내 기업이 영업이익률 대비 순이익률이 낮음을 보여준다. 보고서에 따르면 국내기업은 이번 금융위기를 맞아 영업이익률에 대한 방어 면에서는 비교적 선전했으나, 순이익률에 대한 방어는 실패한 것으로 보인다. 국내 기업들의 2008년 영업이익률은 6.2%로 일본의 4.8%보다 높은 수치나 순이익률은 1/3토막 나는 모습을 보여주었다.

2) 미래 성장동력에 대한 의심

국내 주력산업군의 국민경제에 대한 비중과 성장기여도는 갈수록

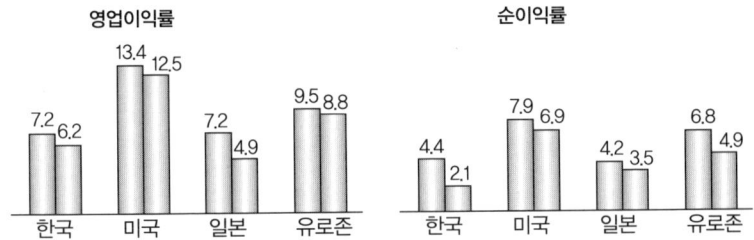

〈지역별 글로벌 기업의 영업이익률과 순이익률 비교〉

영업이익률

한국	미국	일본	유로존
7.2 6.2	13.4 12.5	7.2 4.9	9.5 8.8

순이익률

한국	미국	일본	유로존
4.4 2.1	7.9 6.9	4.2 3.5	6.8 4.9

자료 : ISTANS Premiun(원출처 : 한국은행, 국민계정)
주 : 1)실질기준, 2)전통주력산업군은 자동차, 조선, 일반기계, 정밀기기, 음식료, 의류, 철강, 석유화학, 정밀화학,
    섬유, 조립금속, 제지, 유리, 시멘트, 비철금속을 포함, 3)성장기여도=((해당연도 부가가치-전년도 부가가치)/
    전년도 부가가치*100)

정체기를 겪고 있는 것으로 판단된다. 우리나라는 전통적으로 주력
산업을 기반삼아 발전하는 성장모델을 갖고 있으나, 산업연구원의
조사에 따르면 2001년 이후로 국내 GDP에 대한 주력산업 비중과 성
장 기여도는 한계점에 봉착한 것으로 보인다. 이러한 성장의 한계점
봉착은 해당 산업의 성숙화가 주요한 원인으로 생각된다. 전통 주력
산업군은 자동차, 조선, 기계, 철강, 석유화학, 섬유 등을 의미하며
전통 주력산업군의 GDP 비중은 16.3%, 성장 기여도는 0.79%P로 풀
이된다.

〈전통 주력산업군의 GDP비중과 성장기여도〉

		2000년	2001년	2002년	2003년	2004년	2005년	2006년
전통주력 산업군	GDP비중	17.1	16.6	14.6	15.9	16.2	16.3	16.3
	성장기여도	2.31	0.2	0.87	0.02	1.1	0.79	0.79
제조업 성장기여도		4.62	0.63	2.2	1.61	3.31	2.23	2.7

자료 : ISTANS Premiun(원출처 : 한국은행, 국민계정)
주 : 1)실질기준, 2)전통주력산업군은 자동차, 조선, 일반기계, 정밀기기, 음식료, 의류, 철강, 석유화학, 정밀화학,
    섬유, 조립금속, 제지, 유리, 시멘트, 비철금속을 포함, 3)성장기여도=((해당연도 부가가치-전년도 부가가치)/
    전년도 부가가치*100)

(2) 신흥국과 선진국 사이의 넛크래커 '한국'

● 후발국의 강력한 도전, 고부가가치 분야 개척의 어려움

넛크래커(nut cracker)란 호두(nut)를 깨는(cracking) 도구를 가리키는 말로 부즈앨런 해밀턴의 1997년 보고서에서 한국이 일본 기술력과 값싼 중국 노동력에 밀려 넛크래커 사이에 낀 호두와 같이 될 수 있다는 경고에서 비롯된 말이다. 즉, 넛크래커라는 단어에는 위로는 선진국 아래로는 신흥국 사이에 끼어 품질이나 첨단 성능은 선진국 기업에 밀리고 가격은 중국에 밀리는 신세가 되어 시장에서 도태될지도 모른다는 위기감이 바탕에 깔려 있었다.

한국기업들은 신흥국(중국)이 기존 노동집약적 부문에서 자본 및 기술집약적 산업으로 경쟁영역을 확대하면서 기업투자와 수익의 불확실성이 늘어나게 되었다. 2005년 IMF가 내놓은 자료에 따르면 2000년을 기준으로 수출단가지수를 100이라고 두었을 때, 5년 후 한국의 수출단가는 92.7로 큰 폭 하락했으며(세계평균지수인 122.4에 훨씬 못 미침),

〈한·일/ 한·중 수출품목의 유사성 증가〉   〈한국의 수출단가 큰 폭 하락〉

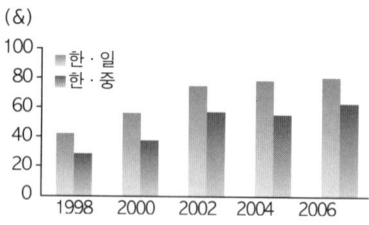

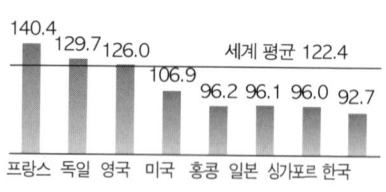

주 : HS6단위 기준 100대 수출품목의 수출에서 양국간
　　공통된 품목이 차지하는 비중임(금액기준)
자료 : 무역협회

주 : 2005년 수출단가지수, 2000년 *900
자료 : IMF

이는 신흥국의 성장으로 국가 간 수출주도 부문이 점차 유사해졌기 때문으로 보인다. 특히 IT제조업의 경우 경쟁과열에 따른 단가하락세가 뚜렷해 기업수익 둔화 및 실질소득 부진을 가져왔으며 철강, 자동차 등 자본집약적 산업부문에서도 점차 개도국과의 기술격차가 줄어들며 위협이 되었다.

동시에 한국경제가 선진국 수준에 접근해감에 따라 성장의 패러다임이 모방형 성장에서 창조형 성장으로 바뀌면서 새로운 수익기회창출이 더욱 어려워졌다. 단순히 선진국을 모방해서 얻을 수 있는 이익이 축소되고 원천기술, R&D, 소프트경쟁력 등 창조성을 바탕으로 새로운 고부가가치 분야를 개척하여 성장의 모멘텀을 만들어내야 하는 시기가 도래한 것이다. 하지만 한국기업들은 선진국 기업들에 비해 고급화 역량이 미흡하고 원천기술개발의 어려움을 가지고 있었으며, 서비스개발·유저인터페이스·브랜드 파워 등 소프트 경쟁력이 취약하다는 단점 때문에 고부가가치 시장 진출에서 어려움을 겪게 되었다.

● 한국기업들의 선전 – 넛크래커의 위치 최대한 활용

하지만 최근 글로벌 경제위기에서 한국산 제품들은 중국(신흥국)에 비해 품질은 우수하고 일본(선진국)에 비해 가격 경쟁력이 뛰어난 '품질과 가격이 적절히 조화된 제품'으로 재평가되고 있다.

한국기업들의 최근과 같은 선전은 호황기에 대비한 집중적 투자 · 적극적 마케팅 활동 같은 '창의적 전략'과 IMF 이후 강화된 근원적 '기업경쟁력', 그리고 '환율효과'라는 삼박자가 맞아떨어지면서 달성하게 된 성과다. 외환위기 이후 탄탄히 다져온 기업의 원가경쟁력, 디자인 개선, 품질 업그레이드 등 기업경쟁력을 바탕으로 불황기에 집중적 투자와 공격적 마케팅에 나서는 동시에, 원화약세라는 긍정적 외부요인이 합쳐지면서 불황기 산업구조 재편에서 주도권을 잡고 있는 것이다.

---

(1) 환율효과, 일본·미국 등 경쟁기업의 부진이라는 '외부요인'

(2) 원가절감, 품질경영, 기술개발 등 불황기 이전부터 쌓아온 근원적 '기업경쟁력'

(3) 불황기 집중적 투자, 공격적 마케팅 등 불황기에 걸맞은 '창의적 전략'

● **새로운 넛크래커에 대비하라 — 기술을 갖춘 신흥국, 중저가 시장을 공략하는 선진국**

그렇다고 해서 언제까지나 한국기업에게 넛크래커의 긍정적인 흐름이 계속된다는 보장은 없다. 가장 큰 경쟁상대인 중국은 고급 하이테크 제품을, 일본에서는 중저가형 제품을 내놓으면서 한국기업을 압박하고 있다. 중국은 M&A를 통한 기술 외부수혈 노력과 더불어 자체 산업기술 기반을 강화하고 핵심 기술력을 높이고자 하는 목표로 10대 산업정책을 내놓는 등 고부가가치 제품 시장을 겨냥하기 위한 발 빠른 움직임을 보이고 있으며, 그동안 고급·고가 전략을 구사하던 일본은 아시아 등 신흥시장의 저소득층을 집중 공략하고자 폐쇄적 수직 분업 구조를 깨고 생산라인을 해외로 이동하는 등 중저가 전략을 펴고 있다. 낮은 가격을 무기로 한 중국(신흥국)이 점점 기술력으로 치고 올라오고, 기술적인 바탕을 가진 일본(선진국)이 가격을 낮춰오는 '새로운 넛크래커 현상'이 발생할 수도 있는 것이다.

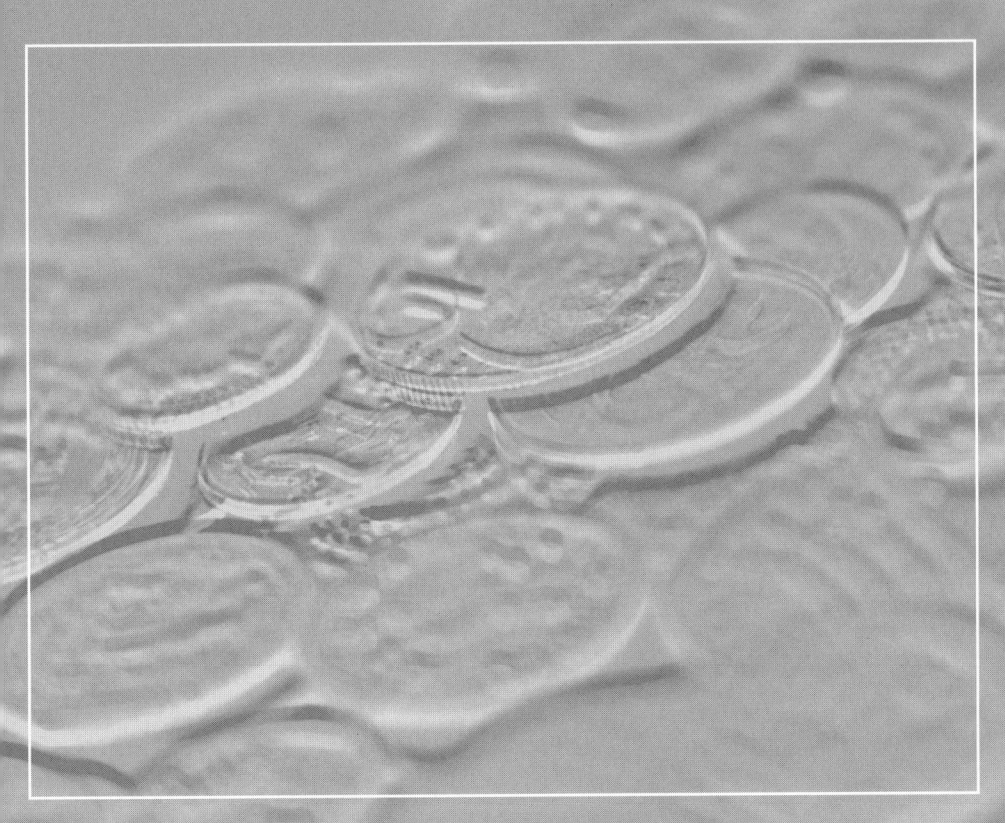

제4장

성장에 성공한 해외기업 사례분석

1 | 기업성장의 Conceptual Framework 및 분석대상 기업선정

(1) 기업성장의 Conceptual Framework

이번 장에서는 급변하는 경영환경을 기회로 활용하여 도약한 해외 기업 사례분석을 통해 향후 한국기업들이 시장 리더로서 살아날 수 있는 시사점을 도출하고자 한다. 기존 성장에 관한 연구들이 지닌 성장에 대해 방법론적인 측면에 치우친다는 한계점을 극복하기 위해 본 연구에서는 기업의 성장을 '능동적 환경 대응'이라는 유기적인 프로세스 관점에서 접근하고 있다. 즉, 성공하는 기업을 분석함에 있어 급변하는 산업 [환경변화] 속에서 → 비즈니스 기회를 창출하기 위해 어떻게 [대응]했으며 → 지속적 발전의 디딤돌로서 어떤 [결과]를 가져오게 되었는지 진행과정에 포인트를 두고 기업성장을 위한 다음 프레임워크를 제시하고자 한다.

또한 '기업의 능동적 환경대응'과 '성장' 간 관계에 보다 체계적으로 접근하기 위해 기업의 환경대응을 ① 환경변화 속 기회포착 ② 혁신적 실행 ③ 창조적 비전, 3가지로 나누어 살펴보고자 한다.

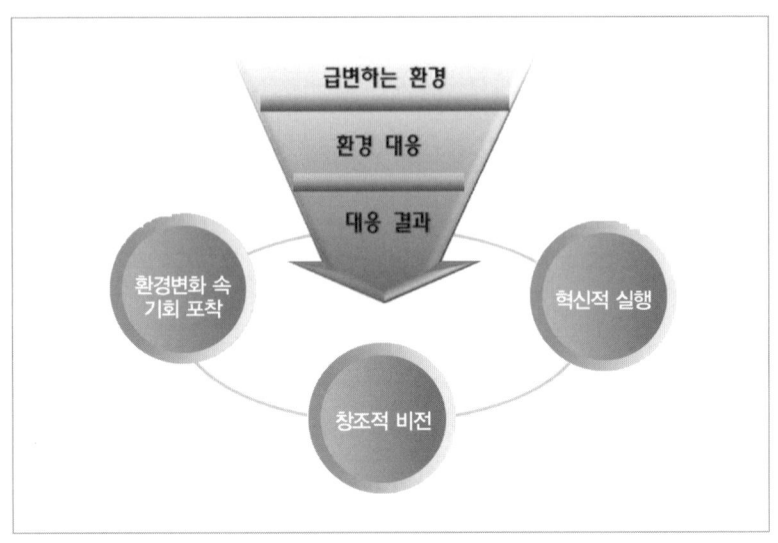

①환경변화 속 기회포착 : 사회 · 산업 · 경제 · 기업경쟁구도 등 무수한 환경변화 속에서 성공기업들은 어떤 환경변화에 주목하고, 어떤 기회를 포착했는가?

②혁신적 실행 : 포착한 기회를 성장의 디딤돌로 삼기 위해 전략적으로 어떻게 실행했는가? 기업 내부핵심역량과 기업 외부환경을 어떻게 활용했는가?

③창조적 비전 : 기회포착과 혁신실행의 바탕이 된 창조적 비전은 무엇인가?

(2) 분석대상 기업선정

연구대상 선정 기업은 다음 기준을 바탕으로 선정되었다. 먼저 산업구조 전반에 걸친 환경변화에 대응한 기업으로 한정하도록 한다. 본 연구가 경기침체기와 같이 산업 전반적으로 '생존의 위협'과 '도약의 기회'라는 상반되는 특징을 가지고 있는 환경변화에 적극적으로 대응하여 성장의 디딤돌로 삼는 것을 목적으로 하고 있는 만큼 개별 기업의 위기는 제외하도록 했다. 예를 들어 1995년 쉘이 석유시추선을 북해에 투기하려다 그린피스의 저항으로 계획이 취소되고 기업이미지에 악영향을 입은 것은, 개별 기업에게만 큰 영향을 주었던 사건이었을 뿐, 정유산업 전반에 걸쳐 지각변동을 일으킬 만한 환경변화는 될 수 없으므로 이번 연구조사 대상에서 제외된다.

두 번째로 IT/전자, 의류, 자동차, 산업재, 4가지 산업별로 나누어 대상기간 동안의 산업별 성장률 또는 산업 내 경쟁업체의 성장률보다 탁월한 성장을 보인 기업을 대상으로 한다. 이때 성장에 대한 객관적인 지표로서 매출성장률과 영업이익성장률을 사용하며, 연구대상기간은 최소 5년으로 설정해 단기적인 외형확장이 아닌 장기적으로 지속적 성장을 하였는가를 평가하도록 한다. 단, 산업에 따라 각 기업마다 각기 다른 위기를 맞았고 각기 다른 방법으로 대응해나갔으므로 연구대상기간에 차이가 있다.

세 번째로 각 산업 내 대상기업을 선진국과 신흥국으로 구분하여 선정한다. 신흥국 기업들이 자국의 경제적 성장을 바탕으로 글로벌화에 성공하면서, '포춘 글로벌 500대 기업'에 속한 신흥국 글로벌 기업이 2003년 23개에서 2008년 56개, 2009년 69개로 3배까지 증가하게 되었다. 이제 한국기업들은 미국, 유럽, 일본 등 전통적 선진국 기업뿐만 아니라 새롭게 떠오르는 신흥국 글로벌 기업과 경쟁해야 하는 새로운 경쟁구도에 직면하고 있다. 따라서 산업별로 선진국 성장기업과 신흥국 성장기업으로 구분하여 신흥국 기업의 성공요인을 분석하는 한편, 같은 산업에 속한다고 할지라도 선진국과 신흥국이라는 서로 다른 시장 환경에서 각각 성장의 발판을 마련한 과정이 비교가능한지 고려했다.

이러한 선정 절차를 거쳐서 IT/전자산업에는 애플과 하이얼, 의류산업에서는 유니클로와 리앤펑, 자동차 산업에서는 도요타와 타타자동차, 산업재에서는 GE와 세멕스를 각각 비교 분석했다. 이에 따라 각 기업의 사례를 스토리텔링 방식으로 서술하여 누구나 쉽게 이해할 수 있도록 하였다. 한국경제를 이끌어나가는 주요 산업과 대응되는 산업들을 선정함으로써, 실질적으로 적용할 수 있는 실용성을 갖는 데 의미를 두어 전개했다.

	선진국	신흥국
IT / 전자	애플(Appel)	하이얼(Haier)
의류	유니클로(Uniqqlo)	리앤펑(Li&Fung)
자동차	도요타(Toyota)	타타자동차(Tata Motors)
산업재	GE	세맥스(Cemex)

2 | IT/전자

2.1 애플

애플(Apple) 의 성장사례 분석은 2000년대 초 IT 버블로 PC산업 침체라는 환경변화를 맞아 새로운 시장기회를 어디에서 파악했으며, 이를 어떻게 성장의 디딤돌로 삼았는가에 초점을 맞추었다. 애플은 90년대 들어 마이크로소프트의 부각과 함께 시장점유율이 크게 하락하는 어려움을 겪었다. 그러나 본 연구의 조사대상기간인 1998년에서 2005년까지 59억에서 139억에 이르는 매출 신장을 보였고, 2001년 -6.2%까지 하락한 영업이익률이 2005년에 11.8%까지 상승하며 성장했다. 기존 주력사업인 PC에 대한 집착을 버리고 MP3 플레이어로 주력사업을 과감히 전환하여 성공한 결과였다.

1. 급변하는 환경

(1) IT 버블 붕괴로 인한 PC산업 침체

● PC 판매액 급감, 재고비율의 급증

<IT산업 가동률 추이>　　　　<IT산업 재고 규모 추이>

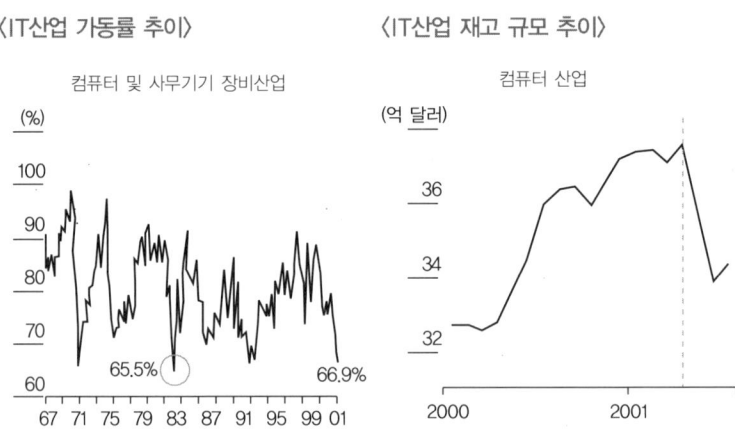

　　2000년대 초 IT 버블 붕괴 시기에 PC산업은 수요 예측 실패에 따른 과다 재고 누적으로 어려움을 겪게 되었다. PC산업은 IT붐을 이끌며 급격히 성장했으나, 2001년 들어 가동률 수준이 66.9%(1967~2000년 평균 81.2%)로 하락했고 오일쇼크 이후(1982년) 최저치를 기록하게 되었다. 이에 따라 높아지는 재고물량을 축소하고자 하는 재고조정 노력으로 재고감소가 이루어졌지만, 출하대비 재고비율은 계속 상승하게 되었다. 결국 IT산업의 재고수준이 낮아졌음에도 수요는 더 빠르게 감소하여 전체 출하대비 재고비율은 계속 높아진 것이다. 또한 2000년

3/4분기에는 전년동기 대비 15.7% 성장을 보였던 PC판매액이 4/4분기에 들어 1.5% 성장하는 데 그치더니 2001년에는 1/4분기 −3.5%, 2/4분기 −8.1%까지 급감하게 되었다.[6]

● 재고비율 급증의 원인

이러한 판매 둔화에는 여러 가지 요인이 복합적으로 작용했다. 우선 PC 보급률 둔화에 따라 신규 수요가 둔화하게 되는 PC시장 자체의 구조적인 요인에서 원인을 찾을 수 있다. 미국 시장에서 기업과 가정의 PC보급률이 실질적으로 포화상태에 진입하게 됨에 따라 산업발전단계상 구조적 변화가 작용하게 되었다. 미국 기업들의 PC 보유 비율은 95%에 달해 신규수요시장을 찾기 어려웠으며, 개인용 PC 보급률 또한 73.2%에 이르고 있어 PC와 친밀감이 떨어지는 노인계층과 여성계층을 감안한다면 실질적인 포화 상태에 다다르고 있었던 것이다. 미국 기업들의 컴퓨터 및 주변기기에 대한 투자는 2000년 들어 감소세를 나타내어 2001년 1/4분기에는 전 분기 대비 32억 달러 감소, 2/4분기 269억 달러 감소했다.

이에 더하여 CPU, RAM, 그래픽 카드 등 하드웨어 분야의 기술발달로 소비자들이 현재 컴퓨터 기종을 새로 교체할 만한 인센티브가 점점 줄어든 것 또한 PC산업 침체의 요인으로 작용했다. 소비자들은 PC를 이용하는 주된 목적인 이메일, 인터넷, 엔터테인먼트, 워드 프로그램 등의 각종 소프트웨어를 사용하는 데 불편함이 없어짐에 따

6_ 이우성(2001), "부문별로 본 미국 IT 산업 침체원인과 회복가능성", 『LG주간경제』, LG경제연구소

라, 기존 컴퓨터 기종을 새로 교체할 필요성을 덜 느끼게 된 것이다. 또한 PC 제조업체들은 가격원가 하락을 위한 제조와 분배 체계 효율성만을 추구하여 신제품 개발 및 출시를 소홀히 했다.

(2) 기업 경쟁 환경 변화

앞서 언급한 요인들은 결국 PC산업의 게임 룰을 가격 경쟁으로 전환시켰다. 이는 유저 인터페이스와 디자인, 브랜드 관리 등의 핵심 역량을 가지고 있었던 애플에게는 불리한 상황으로 작용했다. 실제로 하단 그래프를 통해 알 수 있듯 i-Mac, Power-Mac의 판매량이 급감했다. 이에 따라 PC산업을 주력으로 했던 애플은 위기를 극복할 수 있는 새로운 전환이 필요했다.

〈iMac과 PowerMac의 매출 급감〉

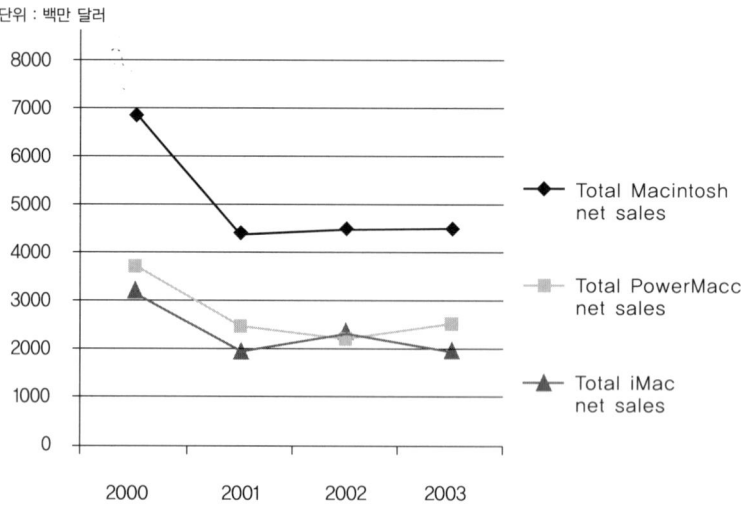

단위 : 백만 달러

Source : Apple Annual Report

2. 환경 대응

(1) 기회 포착

애플은 2000년 초반 IT 버블 붕괴로 인한 경기침체, 주력산업이었던 PC산업의 수요 둔화, 가격경쟁으로의 게임 룰 변화라는 여러 위협에 직면하게 되었다. 그렇다면 애플은 이와 같은 상황에 어떻게 대응했는가? 물음에 답하기 위해서는 애플이 기업을 둘러싼 외적요소를 어떻게 파악했으며, 새로운 시장기회를 어디에서 발견했는가를 알아볼 필요가 있다. 애플은 다음 3가지 사실에 주목했다.

● 핵심역량을 살릴 수 있는 새로운 시장은 어디인가?
  → 시장성 있는 '감성, 문화' 분야에 주목
● 새로운 시장의 정책적, 법률적 움직임은 어떠한가?
  → MP3 저작권 강화 움직임
● 새로운 시장 내 기존 경쟁자의 약점은 무엇인가?
  → 기존 MP3 플레이어 업체들은 소프트웨어 부문이 취약

① 시장성 있는 '감성, 문화' 분야에 주목

애플은 자사의 핵심역량을 발판삼아 도약할 수 있는 시장으로 MP3 플레이어 시장을 선택한다. 바로 하이테크놀로지와 감성이라는 기존 애플의 핵심역량을 응용할 수 있었기 때문이다. 애플은 당시 시장점유율 1위인 PDA 사업을 접고 MP3 플레이어라는 새로운 분야

에 진출했다. 다른 기업들이 새로운 비즈니스 사업으로 PDA 사업에 관심을 가지는 상황에서, 세계 최초의 실용 PDA인 뉴턴의 생산을 중단한 이유는 뉴턴이 시장에 너무 일찍 나와 기술적으로 계속 실험을 해야 했고 응용소프트웨어 부족으로 시장 개발이 되지 않는다는 점 때문이었다. 대신 애플은 컴퓨터에서 음원을 MP3 파일로 다운받을 수 있는 '사운드 잼(Sound Jam) MP'라는 소프트웨어를 개발한 C&G를 인수해서 MP3 다운로드 소프트웨어를 개발했다. 다음은 애플 CEO 스티브 잡스가 2001년 『포춘』과의 인터뷰에서 밝힌 음악사업 진출 이유다.

"나는 단지 문화는 억지로 만들어지지 않는다는 말을 하고 싶을 뿐이다. 음악은 분명 문화에 속한다. 음악은 어쩌면 우리 유전자 속에 깊이 새겨져 있는 것인지도 모른다. 누구나 음악을 좋아한다. 음악은 공상적인 시장이 아니다."

애플은 기술에 집착하기보다 소비자의 감성과 경험을 바탕으로 새로운 고객가치를 창출할 수 있는 문화·감성 분야에 주목함에 따라 음악분야 사업으로 진출하게 되었다.

② MP3 저작권 강화 움직임(냅스터의 MP3 파일 복제 불법판정)
1999년, 음악 다운로드 시장에 커다란 변화가 일어났다. MP3가 음악파일을 압축하는 새로운 표준기술로 등장한 지 얼마 되지 않았을 무렵, 숀 패닝이라는 열아홉살 청년은 MP3 다운로드 소프트웨어를

개발하여 무료 배포했다. 그것은 음악 CD에서 음악을 디지털 파일로 변환하여 인터넷으로 서로 주고받을 수 있는 소프트웨어였다. 소프트웨어를 개발해 무료 배포한 지 며칠 만에 1만 명 이상이 다운받을 정도로 인기를 끌었고, 그 후 숀 패닝은 대학을 중퇴하고 냅스터 (Napster)라는 기업을 창업했다. 하지만 3,200만 명이 사용자로 등록하면서 냅스터의 인기가 높아질수록 음반사와 가수들의 반발이 거세졌다. 음악 사업 관계자들은 사람들이 냅스터에서 공짜로 음악을 다운로드 받는 바람에 크게 위협을 받았기 때문이다.

결국, 음반사가 냅스터를 고소하게 됨에 따라 냅스터는 불법판정을 받고 서비스를 중단하게 되었다. 음악 다운로드 시장을 주도했던 냅스터의 MP3 파일 복제가 미국 연방법원으로부터 불법이라는 판결을 받자, 애플은 'MP3 저작권 강화 움직임' 속에서 새로운 시장 기회를 발견하게 되었다. 이전의 온라인 음반시장에서는 무료로 MP3파일을 공유하게 됨에 따라 음반사들의 수익이 보장되지 못했지만, MP3 저작권 강화를 통해서는 음반사들이 저작권을 보호받게 됨에 따라 온라인 시장에서 수익을 보장받는 것이 가능해졌기 때문이다.

③ 기존 MP3 플레이어 업체들은 하드웨어 중심의 경쟁에 치우쳐 소프트웨어 부문이 취약

그렇지만 애플이 단지 온라인 음악시장이 유망하다는 판단만으로 새로운 사업에 뛰어든 것은 아니었다. 오히려 당시 온라인 음악시장은 이미 어느 정도 형성되어 있었으며, MP3 플레이어 시장 역시 포화상태에 이르러 가격경쟁으로 치닫고 있었다.

하지만 애플은 기존 MP3 플레이어 업체들이 하드웨어 중심의 경쟁에 치우쳐 소프트웨어 부문에서는 취약하다는 것에 주목했다. 기존의 MP3 플레이어는 아날로그 기기인 카세트리코더나 CD 플레이어를 작게 만들었다는 것 말고는 차이가 없었다. 초기에 MP3 제조업체들은 MP3 플레이어를 카세트리코더나 CD 플레이어의 대체품으로만 생각했기 때문에, 카세트리코더가 가지고 있는 재생, 녹음, FM 라디오 기능을 집어넣은 상태에서 크기만 줄이고자 했다. 당시 MP3 플레이어는 '셔츠에 들어가는 크기의 워크맨'일 뿐이었다. 오히려 아날로그 세대는 디지털화된 기기 조작방법을 더 어려워했다.

애플은 비록 시장에 늦게 진출했지만 자사가 가지고 있던 핵심역량인 디자인, 브랜드 관리, 유저인터페이스, 품격 있으면서 사용하기 쉬운 소프트웨어 등을 발휘한다면 MP3 플레이어 시장에서 충분히 승산이 있을 것이라고 판단했다. 이처럼 MP3 플레이어를 단순한 음악기기가 아닌 디지털 뮤직 시스템으로 만들겠다는 창조적인 발상은 애플 성장의 출발점이 되었다.

(2) 혁신적 실행

- 음반사들과의 협력을 통한 콘텐츠 서비스 제공 → 새로운 가치사슬 형성
- 네트워킹 개발방식으로 6개월 만에 아이팟 탄생, 개방형 서비스로 전환
- 컨버전스를 통한 새로운 가치 창출 → 뮤직스토어 + 아이튠즈 + 아이팟
- 애플스토어 개설 → 구매행위를 문화적 경험으로 승화

① 음반사들과의 협력을 통한 콘텐츠 서비스 제공 → 새로운 가치사
  슬 형성

냅스터가 서비스를 중단하자, 스티브는 그 기회를 놓치지 않고
음반회사와 계약을 맺고 유료 서비스사업을 개시했다. MP3 플레
이어가 잘 팔리려면 콘텐츠인 음반을 공급하는 판매망을 구축하는
일이 중요하다고 생각했기 때문이다. 수년 동안 냅스터와 혈투를
벌인 거대 음반사들은 온라인 시장의 무한한 가능성을 고려해 애
플과 손을 잡았다. 이에 따라 아이튠즈 뮤직스토어의 수익 모델이
가능했다.

컴퓨터 소프트웨어를 개발한 경험은 있지만 음악 콘텐츠와 같은
콘텐츠 산업에는 문외한이었던 애플이 온라인 음악시장의 리더로 부
상할 수 있었던 것은 컴퓨터와 MP3, 음반을 하나로 이어주는 새로운
가치사슬을 형성했기 때문이다. 애플의 CEO 스티브 잡스는 "음악
다운로드 시작은 음악 산업의 중대한 전환기"라고 강조했다. 이에
따라 애플은 MP3를 단지 음악기기가 아닌 IT 기기로 보고 인터넷과
연결하여 음악산업의 가치사슬을 새롭게 만들었다. 음반회사와 온
라인 판매계약을 맺어서 음원을 확보하고, MP3를 가진 고객이 온라
인으로 자신이 좋아하는 노래를 선택하고 다운받을 수 있도록 뮤직
스토어를 만들어 파이프라인을 마련해준 것이다.

그렇게 해서 탄생한 아이튠즈 뮤직스토어는 당시로서는 보기 드문
유료정책을 실시했다. 뮤직스토어에서는 음악을 앨범 단위뿐만 아
니라 개별 곡 단위로도 판매했다. 가격은 앨범당 9.99달러, 곡당 99
센트였다. 구입한 음악은 애플사의 MP3 플레이어인 아이포드 용량

에 한해 무한대로 저장 가능했고, CD로는 10장까지, 매킨토시 컴퓨터로는 3대까지 공유할 수 있게 했다. 아이튠즈 뮤직스토어는 서비스 시작 후 100만 곡 이상을 팔았으며 2003년 말에는 무려 2,500만 곡 이상을 판매했다. 처음에는 매킨토시에서만 서비스했지만 2003년 10월부터 윈도우에도 서비스를 제공하기 시작하면서 판매량이 대폭 늘어나게 됨에 따라, 2005년 2월에는 개별 곡 다운로드 기준 3억 건을 초과하면서 신기록을 세웠다.

그 결과, 아이튠즈 뮤직스토어는 현재 전 세계 온라인 유료 음악시장에서 70% 이상을 차지하고 있다. 99센트를 받을 경우 33센트는 음반사, 33센트는 음원 저작권자에게 돌아가게 되며 애플 측에서는 33센트를 받는 식으로 음반사 및 음원 저작권자들과의 수익 배분을 통해 성장하고 있기 때문에 가능한 결과다.

② 네트워킹 개발방식으로 6개월 만에 아이팟 탄생, 개방형 서비스로
   전환

아이튠즈라는 MP3 다운로드 소프트웨어를 이미 가지고 있었던 애플은 나아가 MP3 플레이어 시장 진출을 결심했다. 당시 디지털 음악시장은 이미 어느 정도 형성되어 있는 것처럼 보였으나, MP3 플레이어의 판매는 잠재되어 있는 시장수요보다 부진했다. 애플은 기존 업체들이 기능, 디자인 등 하드웨어 중심의 경쟁에 치우쳐 있기 때문에 MP3 플레이어 판매가 부진하다고 판단했다. 애플은 이전과는 다른 가치를 제공하면서 사용자 인터페이스를 강조하기 위해 다음과 같은 제품 개발 콘셉트와 방향을 제시했다.

- 두께는 얇게 하고 디스플레이 화면을 키우자
- 넓은 화면에 사용자 인터페이스를 강화하여 사용자와 화면을 통해 대화하도록 하자
- 몇 백 곡의 노래를 담을 수 있는 음악의 바다를 만들자
- 매킨토시 PC 마우스 기능처럼 디지털 환경에 익숙지 않은 사람들도 쉽게 조작할 수 있는 휠마우스를 도입하자

애플의 CEO 스티브 잡스는 2001년 샌프란시스코에서 열린 맥월드 엑스포에서 아이튠즈를 발표한 직후 MP3 플레이어 시장 진출을 결심한 것으로 알려졌다. 하지만 애플은 1,000달러나 1만 달러 대의 컴퓨터를 만들었을 뿐, 몇 백 달러짜리 손안에 들어가는 제품을 만들어본 적은 없었다. 그렇다면 애플은 어떻게 불과 1년여도 되지 않는 기간 안에 MP3 플레이어를 개발하여 상용화할 수 있었을까? 성공비결은 '네트워킹 개발방식' 덕분이었다.

네트워킹 개발방식

애플은 제품 콘셉트와 디자인 개발은 내부에서 하되 기술개발은 외부 전문기업을 활용하는 '네트워킹 개발방식'을 채택했다.

애플은 먼저 하드웨어 분야에서 전문회사인 포털플레이어(Portal Player)가 개발한 플랫폼을 사들임으로써, 제품의 소형화, 부품의 선택, 유저 인터페이스 부분에서 많은 시간을 절약할 수 있었다. 아이팟의 다른 핵심 부품들도 대부분 시장에서 구입하거나 다른 기업으로부터 사용권 허가를 받은 것이었다. 하드디스크 드라이브는 도시바, 얇은 충전

용 배터리는 소니, 주요 전자부품은 텍사스 인스트루먼트와 샤프 제품이었다. 또한 MP3 플레이어 내부에 들어가는 소프트웨어는 실리콘밸리 개발 벤처기업인 픽소(Pixo)에 의해 개발되었다. 픽소는 화면개발 그래픽, 메모리 관리, 데이터베이스 파일을 이용해서 연락처, 달력, 스케줄 관리와 같은 애플리케이션을 비롯하여 스크롤이 가능한 아티스트, 노래, 장르 메뉴 등의 세련된 인터페이스를 개발했다.

애플의 진정한 가치는 누구나 알고 있는 기술과 이미 나와 있는 범용부품을 사용해 세계 최고의 휴대용 디지털 음악재생기를 만들어냈다는 점에 있다. 핵심 콘셉트는 유지하면서 기술개발은 전문업체를 활용하여 6개월 만에 최고 히트작 아이팟을 만들어낸 애플의 '네트워킹 개발방식'은 애플의 탁월한 제품화 능력으로 인해 최대 효과를 발휘할 수 있었다. 이는 울프슨 마이크로일렉트로닉스(Woflson microelectronics)의 마케팅 담당 부사장 줄리안 헤이즈가 "아이팟의 참된 가치는 범용부품을 모아 조립하고, 디자인을 최적화해 최고의 성능을 내는 데 있다"고 극찬한 것을 통해서도 알 수 있다.

한 가지 재미있는 것은 1990년대 애플이 PC 시장에서 선도적 지위를 잃고 후발주자로 밀려나게 된 원인 중 하나가 모든 것을 내부에서 개발하는 폐쇄적인 시스템 때문이었다는 사실이다. 애플은 최초로 아이콘을 채택하고 윈도우 개념을 도입했으며 마우스 조작 방식과 그래픽 유저 인터페이스를 최초로 채택한 기업이었지만, 초기에 이런 기술들을 공개하지 않고 자신들의 하드웨어에서만 쓰기를 고집하면서 제품이 널리 보급되는 길을 차단했다. 아무리 뛰어난 기술이라도 사용자가 모르면 고립되기 마련이다. 결국 애플이 매킨토시에만 운영되는 폐쇄형 OS를 고집하는 사이, 운영체제는 마이크로소프트가 완전히 독식하게 되었다. 과거 매킨토시 개발 시절 외부기술을 불신한 탓에 모든 것을 애플 내부에서만 개발하도록 했던 스티브 잡스가 이전의 실패를 교훈삼아 기업 외부의 플레이어에 의해 새로운 가치를 창조해내는 리더십을 발휘한 것이 애플의 네트워킹 개발 방식의 성공요인이 된 것이다.

개방형으로 전환

나아가 애플은 경기침체기에 신제품을 대중화하기 위해 애플 제품 간 연결에 머물러 있던 기존의 폐쇄적 사업방식을 포기하고 개방형으로 전환했고, 그 일환으로 아이튠즈 플랫폼의 호환성을 강화했다. 아이팟 초기 모델은 매킨토시 소프트웨어밖에 지원하지 않았지만 2002년 7월 윈도우 버전을 내놓으면서 애플 OS에서만 작동되던 플랫폼을 윈도우 OS용에서도 작동 가능하도록 설계했다. 또한 2004년 8월에는 휴렛팩커드와의 협력을 체결하여 아이팟에 자사 상표를 부착하여 판매하고, 휴렛팩커드의 컴퓨터에 아이튠즈를 장착하기로 하는 등 디지털 음악 산업에서 주도권을 지키기 위해 외부와의 협력을 적극적으로 추진했다.

③ 컨버전스를 통한 새로운 가치 창출 → 뮤직스토어 + 아이튠즈 + 아이팟

애플은 하드웨어-소프트웨어-콘텐츠 사업을 묶어서 새로운 가치를 창조했다. 한 시대의 아이콘이 될 만한 제품을 디자인하려면 단순히 외형적인 디자인만 그럴듯해서는 안 된다. 고객이 원하는 가치를 상징화할 수 있어야 하고 이것을 제품의 하드웨어와 소프트웨어까지 반영하는 토털 비즈니스 디자인의 개념으로 접근해야 한다.

애플은 아이팟을 기획, 개발하는 과정에서 기존 MP3 플레이어가 소비자의 리얼 니즈를 충족시키지 못한다고 보고 새로운 가치 분석을 했다. MP3 플레이어 고객들이 어떤 방법으로 노래를 다운받고 어떻게 사용하고 전파하는지 전체 과정을 미리 생각해보는 스토리텔링을 통해 외형적인 디자인뿐 아니라 제품의 기능 설정과 사용자와의 인터페이스를 어떻게 할 것인가를 고려하여 유저 인터페이스를 디자인한 것이다.

기술에 대한 집착보다는 고객가치 창조에 주력한 애플은 아이팟의 간단한 조작을 위해 화면을 크게 하여 각종 정보를 보면서 조작할 수

〈기존 MP3 플레이어와 아이팟의 가치분석 캔버스〉

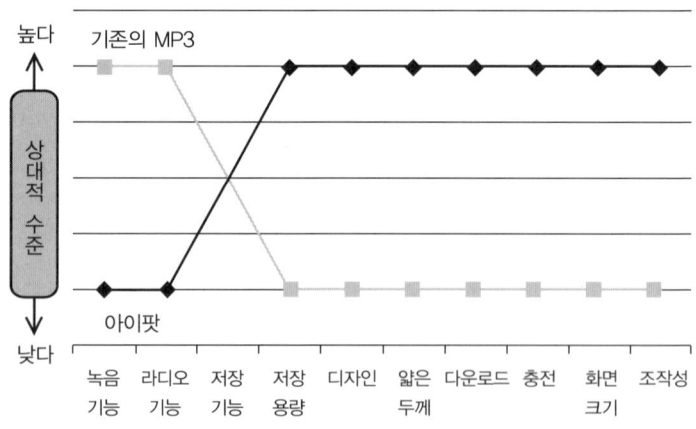

출처 : 김영한, 『스티브잡스의 창조 카리스마』, 2006

있는 것은 물론, 컴퓨터나 전자기기를 다루는 것이 익숙하지 않은 아날로그 세대도 쉽게 조작할 수 있도록 했다. 또한 '조작이 간편하고 아름다운 디자인'이라는 콘셉트를 위해 기능과 기술의 일부를 포기했다. 당시 MP3 플레이어 사이즈가 큰 이유는 배터리 때문이었는데, 애플은 사용자 대부분이 인터넷에 접속하여 음악을 다운받고 있다는 사실에 착안하여 배터리를 제거하고 음악을 다운받는 동안 기기를 충전할 수 있는 방향으로 MP3 플레이어 디자인을 바꾸었다. 또한 기존 MP3 플레이어에서 녹음 기능과 FM 라디오 기능을 없애는 대신 저장용량을 늘리고 두께를 얇게 하여 휴대하기 편하도록 했다.

더 나아가 애플은 하드웨어 사업만으로는 고객층을 넓히는 데 한계가 있다고 파악하고 소프트웨어를 통해 사용자층을 넓히고자 했다. 이를 위해 MP3 다운로드 소프트웨어인 아이튠즈를 무료로 배포했다. 음악을 좋아하는 고객들에게 아이튠즈를 무료로 배포함으로써 음악 콘텐츠를 구입하도록 유도했던 것이다. 또한 대부분의 음반사들이 애플과 판매 계약을 체결함에 따라, 아이튠즈 뮤직스토어를 통해 수백만 곡이 판매되는 것이 가능해졌다. 애플은 한 곡당 다운받는 가격을 99센트로 낮추어서 수요를 자극했고 그 결과 20억 곡 이상이 뮤직스토어에서 판매되었다. 그 결과, 고객층도 1달러짜리 고객에서부터 수만 달러짜리 고객까지 다양해졌으며 음악을 좋아하는 사람들이 뮤직스토어에 매일 들락거리는 만큼 애플에 대한 충성도도 덩달아 높아졌다. 또한 컴퓨터에서 자신들이 좋아하는 노래를 다운받고 그것을 MP3에 저장하는 고객들로 인해, 음악 콘텐츠 구입은 자연스럽게 아이팟의 판매로 이어졌다.

즉, 애플은 하드웨어인 '아이팟', 소프트웨어인 '아이튠즈', 음악 콘텐츠를 판매하는 '아이튠즈 뮤직 스토어'를 결합하여 사용자 편의성을 강조하고 새로운 고객가치를 창출해냄으로써 애플만의 독특한 시장 장벽을 형성할 수 있게 되었다.

④ 애플스토어 개설 → 구매행위를 문화적 경험으로 승화

또한 애플은 위축된 소비심리를 자극시키기 위하여 미국 전역에 애플스토어를 열고, 이를 소비자들이 제품을 직접 체험할 수 있는 장으로 활용했다. 아이팟 관련용품을 구매할 수 있는 오프라인 매장을 원하는 고객들이 많아지면서, 애플스토어를 통해 아이팟 주변 제품들을 다양하게 체험해볼 수 있는 공간을 마련한 것이다. 고객들은 애플스토어에서 다양한 아이팟의 음질을 들어보고 조작해보고, 화상회의가 가능한 사이버 카페, 바, 정원, 미니 극장과 컴퓨터와 오디오, 비디오를 연결한 미니홈시어터 시스템이 설치된 곳에서 감성을 자극하는 다양한 활동을 경험할 수 있었다. 또한 가전제품인 스피커 액세서리, 타사 비디오 제품도 같이 파는 멀티 브랜드숍을 개설하여 다양한 소비자들이 이용할 수 있게 했다. 이에 따라 애플 마니아뿐만 아니라 IBM 유저들의 방문도 이끌어내게 되었다.

(3) 창조적 비전

● 애플의 핵심역량인 디자인, 소프트웨어, 유저인터페이스를 활용하여 MP3 플레이어를 단순한 음악재생기가 아닌 디지털 뮤직 시스템으로 만들겠다

하드웨어 경쟁에만 치우친 기존 MP3 플레이어 업체와 애플의 차이는 어디서 비롯된 것일까? 애플은 MP3 플레이어 시장을 새로운 시각으로 바라보았다. 애플은 단순한 음악기기가 아닌 디지털 뮤직시스템으로서의 MP3 플레이어를 소비자들에게 제공하겠다는 창조적 비전을 가지고, 자사의 핵심역량인 디자인과 소프트웨어, 유저인터페이스 등을 활용한 것이다.

디지털 뮤직시스템을 소비자들에게 제공한다는 비전은 사용자 인터페이스를 강조한 제품 콘셉트와 방향을 제시했을 뿐만 아니라, 소프트웨어를 활용하는 것을 넘어 '소비자들에게 음악 콘텐츠까지 제공하겠다'라는 창조적인 발상을 가능하게 만들었다.

3. 결과

(1) 기업의 외적성장

애플이 MP3 플레이어 시장에 성공적으로 진입하게 됨에 따라 애플의 매출과 영업이익률은 극적으로 개선된다. 우선 애플의 매출은 2001년 50억 달러로 최악의 성과를 기록한 뒤 매년 꾸준히 성장하다가 아이팟이 시장에 자리 잡으며 급증하기 시작하여, 2005년에는 11억 달러까지 성장하여 불과 4년 사이에 2배로 성장했다. 영업이익률 성장은 더욱 극적이다. 2001년 −6%까지 하락했던 영업이익률은 매년 꾸준한 개선을 보이다 2005년에는 2004년 대비 2배 이상의 개선효과를 보였다.

〈Apple의 매출변화〉

〈Apple의 영업이익률 변화〉

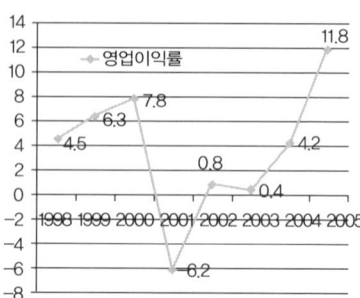

Source : Apple Annual Report

(2) 새로운 사업 포트폴리오로 이동

애플은 경기침체기 초기에는 다소 주춤했으나 새로운 비즈니스 모 델에 힘입어 Round 2의 승자로 거듭나게 되었다. 우선 아이팟은 지 난 2001년 선보인 후 지금까지 전 세계적으로 약 1억 대가 팔려나갔 다. 이에 따라 애플의 최대 수익원도 PC에서 자연스럽게 음악 재생 기 및 콘텐츠 사업으로 바뀌었다.

〈Apple의 사업 포트폴리오 재정리〉

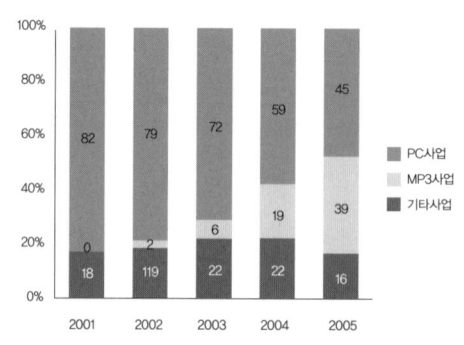

Source : Apple Annual report

위의 표를 통해 애플 의 MP3 사업부문이 점 차 확대되고 있음을 확 인할 수 있다. 애플은 사업 초반 2%에 불과 했던 MP3 사업을 2005 년에는 약 40%까지 성 장시켰다. 이러한 사업 포트폴리오 정리를 통해 극적으로 수익을 개선했다. 이를 통해 단순히 MP3 플레이어 시장의 리더로 부상한 것이 아니라 디지털 산업 시장 전반을 리드하는 최고의 혁신기업으로 도약하게 되었다.

(3) 새로운 아이콘 창조

애플은 '하얀 아이팟'이라는 아이콘을 만들어냈다. 애플이 아이팟을 들고 이미 포화상태라고 생각되었던 MP3 플레이어 시장에 진출한다고 했을 때 성공 가능성은 크지 않아 보였다. 하지만 애플은 급변하는 환경 속에서 MP3 음악 시장이 소비자의 감성을 자극할 수 있는 수익성 있는 시장이라는 점과, 기존 MP3 플레이어 경쟁업체들이 하드웨어 경쟁에만 치우쳐 소비자 욕구를 제대로 만족시키지 못하고 있는 상황에서 애플이 가지고 있던 핵심역량인 디자인과 소프트웨어, 유저인터페이스를 활용하며 소비자들에게 충분히 어필할 수 있다는 사실에 주목했다.

MP3 음악시장이라는 새로운 비즈니스 기회를 찾아낸 애플은 'MP3를 단순한 음악재생기가 아닌 디지털 뮤직 시스템으로 만들겠다'는 비전을 세우고 하드웨어(아이팟)-소프트웨어(아이튠즈)-콘텐츠(아이튠즈뮤직스토어)가 결합된 새로운 고객 가치를 창출해내었고, 경기침체기 특성에 맞게 구매행위를 문화로 승화시킨 마케팅 전략으로 성공할 수 있었다.

2.2 하이얼

하이얼(Haier)은 2000년대 초 자국 시장의 수요둔화와 공급과잉으로 치열해지는 가격 경쟁, 중국 WTO 가입 등의 급변하는 환경 속에서 글로벌화라는 시장 확대를 기업역량의 업그레이드 계기로 삼은 대표적인 기업이다.

1984년 싸구려 품질의 조잡한 외관으로 파산직전의 중소기업에 불과했던 하이얼이 87억 달러 규모의 중국 최대 가전업체이자, 해외 160여 개국에 제품을 수출하는 글로벌 기업으로 거듭날 수 있었던 것은 하이얼의 CEO 장 뤼민 회장의 리더십이 큰 역할을 수행했다. 장 뤼민 회장은 중국 내 높은 시장점유율에 만족하지 않고 우수한 제품을 생산하지 못한다면 글로벌 경영환경에서 결국 도태되고 말 것이라는 판단 하에 품질향상, 브랜드 네임 중요성 강조, 선진해외시장 진출 등의 혁신으로 기업역량 및 노하우를 축적했다. 하이얼이 개방화라는 환경변화를 글로벌 시장확대의 기회로 삼기 위해 어떻게 대응했는지에 초점을 맞춰 성장 사례를 분석해보자.

1. 급변하는 환경

(1) 중국의 WTO 가입 → 교역환경개선으로 수출증대 VS 외국기업에 의한 시장 잠식

2001년 중국은 해외 각국의 시장개방 압력 속에서 산업구조와 대

〈WTO 가입이 중국 경제에 미치는 영향〉

긍정적 영향	부정적 영향
· 교역환경 개선 → 수출 증대 · 외자유입증대 → 경제성장을 위한 자본마련 · 국내개혁의 가속화 → 글로벌 스탠더드 도입	· 외국기업에 의한 중국시장 잠식 확대 · 중국기업 도산 및 실업 증가

자료 : 중국 WTO 가입이 국내산업에 미치는 영향, LG경제연구원, 2001

외 경쟁력 강화를 추구하고자 세계무역기구(WTO)에 가입했다. 중국의 세계무역기구 가입은 세계경제는 물론 자국 경제에 크나큰 변화를 가져왔으며, 긍정적인 기회와 부정적인 위협을 동시에 내포하고 있었다.

먼저 긍정적인 영향의 첫 번째는 교역환경 개선에 의한 수출증대 효과다. WTO에 가입함으로써 중국은 개도국 특혜관세(GPS) 등의 혜택과 다자간 교섭의 정식멤버로 활동할 수 있는 기회를 얻게 되었다. 둘째, 해외자본의 대중국 투자 규제가 완화되어 외자유입이 증대되는 환경이 만들어졌다. 이로 인해 중국은 경제성장에 필요한 자본을 한결 수월하게 조달받을 수 있게 되었으며, 외국의 선진 기술 도입 또한 촉진되었다. 셋째, 글로벌 스탠더드를 위한 국내 개혁의 가속화다. 즉, 중국정부는 WTO 가입을 대외적인 압력으로 활용해 국유기업 개혁 등 국내개혁을 촉진하여 중국기업의 경쟁력을 향상시키고자 했다.

반면 WTO 가입은 외국기업의 국내시장 잠식과 기업도산 및 실업 증가라는 부정적인 위협요인 또한 가지고 있었다. WTO 가입 이후 수입상품의 관세 및 비관세 장벽을 철폐 내지는 완화하고 서비스 시장을 개방해야 했기 때문에, 단기적으로 개방에 따른 피해가 발생할 수 있었다. 또한 이로 인해 기업 도산 및 실업이 발생하고 이것이 정치, 사회적 불안을 야기할 수도 있다는 우려가 제기되고 있었다.

(2) 중국 가전산업 수요 정체 → 도시 지역은 보급률 포화, 농촌 지역은 구매력 부족

2000년대 초 중국 개방화 물결과 더불어 중국의 가전산업은 심각한 구조조정을 맞이하고 있었다. 90년대 중국 가전산업의 생산규모는 급성장하여 93년 2,435만대였던 컬러TV 생산량이 5년 만에 3,500만대로 144% 증가했고, 냉장고 생산량이 596만대에서 1,010만대로 70% 증가하는 등 눈부신 발전을 했다.

하지만 90년대 후반부터 도시 지역에서 주요 가전제품 보급이 포화상태에 이른 반면 농촌지역의 구매력이 뒷받침해주지 못하면서 가전제품의 수요가 점차 둔화되기 시작했다. 도시지역의 냉장고, 세탁기, 컬러TV 등 주요 대형 가전제품의 보급률은 2001년 이미 82.6%, 92.7%, 120.8%에 달해 이미 보급 확대 단계를 지나 고급품으로의 교체 단계로 전환되고 있었으며, 특히 하이얼의 주력제품인 냉장고의 경우, 98년부터 보급률이 제자리걸음을 하고 있어 신규 수요는 이미 포화상태에 이르렀다. 반면 농촌지역은 도시와 소득격차가 2.7배에 달하고 있었으며, 99년 농촌 지역의 주민 일인당 '가정설비용품 및 서비스'에 대한 지출액은 도시지역에 비해 1/5 수준에 불과했다. 결국 주력 제품인 중저가 가전의 도시 지역 보급률 둔화와 농촌 지역 구매력 부족으로 중국 가전시장의 성장세가 주춤하게 되었다.

(3) 중국 가전산업 구조조정기 → 중저가 가전의 공급과잉, 가격경쟁 심화

가전제품의 수요가 점차 둔화되고 있는 상황에서 90년대 초반과 중반 사이 이루어진 막대한 투자로 중국 가전산업의 과잉 생산설비는 누적되었다. 2001년 냉장고의 경우 연간 총생산능력은 2,600만 대에 이르렀으나 실제 생산량은 1,349만 대에 그쳐 가동률이 51.9%에 불과했으며, 컬러TV와 세탁기 역시 가동률이 각각 56.2%, 53.4%에밖에 미치지 못했다.

이와 같은 수요 감소와 공급과잉으로 인해, 중국 가전시장 내에서는 가격경쟁이 점차 치열해지게 되었고, 대형 메이커들은 시장 점유율을 높이기 위해 대대적인 가격인하를 단행했다. 98년 냉장고와 세탁기 등 백색가전제품 가격은 94년의 절반 수준으로 떨어졌고, 컬러TV와 전자레인지 등의 가격은 35~50% 정도 하락했다. 또한 여러 기업들이 '3년 내 교환, 5년 내 수리' 등의 구호를 걸고 치열한 AS경쟁을 벌이게 됨에 따라, 중국 가전시장 내에서는 경쟁력이 강한 기업들과 그렇지 못한 기업들 간의 뚜렷한 양극화 현상이 나타나게 되었다.

〈중국 주요 가전제품 보급률 추이〉

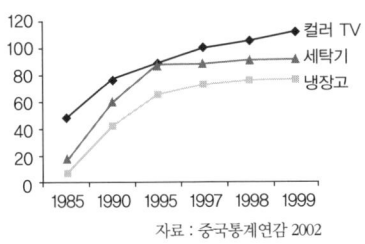

자료 : 중국통계연감 2002

(2001년, 단위%)

	냉장고		세탁기		컬러TV	
	도시	농촌	도시	농촌	도시	농촌
보급률	82.6	13.6	92.7	29.9	120.8	54.4

자료 : 중국통계연감 2002

즉, 중국 가전시장은 과거 수백 개 경쟁업체가 난립했던 상태에서 벗어나 소수의 주요 메이커로 생산과 판매가 집중되는 급격한 구조조정기를 맞이하고 있었다.

2. 환경대응

(1) 기회 포착

> ● 해외에서 살아남는 기업만이 경쟁력 있는 기업 → 글로벌화를 기업역량 업그레이드 계기로
> ● 브랜드의 중요성 간파 → OEM의 유혹을 뿌리침

● 해외에서 살아남는 기업만이 경쟁력 있는 기업

중국의 WTO 가입으로 해외 선진기업들의 진출이 활발해지고 중국 가전제품 시장 내 공급과잉으로 가격경쟁이 치열해지면서, 하이얼의 장 뤼민 회장은 해외시장 진출의 필요성을 자각하고 적극적인 해외시장 공략을 위한 역량을 갖추고자 했다.

이는 글로벌화가 급진전되고 있는 상황에서 진정으로 경쟁력을 갖춘 기업이 되려면 해외시장에서 역량을 인정받아야 한다는 사실을 인식했기 때문이다. 장 뤼민 회장은 해외에서 살아남는 기업만이 진정으로 경쟁력 있는 기업이란 기치 아래 '세계를 향해 달리자'는 구호를 내세웠고, '동방이 떠오르면 다시 서방이 밝아진다'는 굳은 신

념하에 글로벌화를 추진했다. 전 세계 시장을 상대로 생산하고 판매해야 '규모의 경제' 효과가 생기고, 자체 브랜드로 글로벌 스탠더드와 선진국 소비자의 니즈에 부합하는 가전제품을 만들어내야 글로벌 기업으로 성장할 수 있다는 것을 일찌감치 깨달은 것이다.

하이얼은 비교적 일찍 글로벌화의 필요성을 깨달았다는 점뿐만 아니라, 글로벌 역량을 기르기 위하여 환경변화에 민첩하게 대응하여 즉각적인 실행에 나섰다는 점에서 타 가전업체와 차별화된다. 이는 중국의 잭 웰치라고 불리는 장 뤼민 회장의 강한 리더십과 연관지어 생각해볼 수 있다. 장 뤼민 회장은 중국의 소비자들이 현재 중국회사에서 생산하는 낮은 품질의 제품에 만족하지 않을 것임을 인식하고, 회사가 우수한 제품을 생산하지 못한다면 국내 시장에서의 높은 시장점유율도 장담할 수 없으며 결국에는 도태되고 말 것이라고 판단했다.

이에 따라 하이얼은 글로벌화 추세에서 개방화의 압력이 높아지는 환경변화에 대응하여 글로벌 시장에서도 통할 수 있는 높은 품질의 제품을 생산하고, 기업역량을 한 단계 업그레이드시키는 계기로 삼고자 했다.

"회사의 안정을 위해서 국내 시장 점령은 당연한 것이다. 그러나 그것에 만족할 수는 없다. 우리는 세계시장으로 진출해야 한다. 그렇지 않고는 강력한 기업이 될 수 없다. 우리는 3단계 진출 방법, 즉 '밖으로 나간다, 다시 안으로 들어온다, 그리고 명성의 사다리를 타고 위로 올라간다'를 통해 세계적인 기업이 될 것이다."

● 브랜드의 중요성 간파 → OEM의 유혹을 뿌리침

하이얼이 해외시장에 진출하고자 할 당시 많은 중국 가전업체들이 OEM이나 ODM 방식을 채택하고 있었다. 그러나 하이얼은 하이얼이라는 브랜드를 해외에 알리고 해외시장으로부터 자극을 받기 위해서는 자체 브랜드로 진출해야 한다고 판단했다. 개방화, 글로벌화 물결로 인해 점점 더 많은 소비자들이 글로벌 브랜드 파워를 갖춘 소수 몇 기업의 제품만을 고려하게 될 것이기 때문에, 하이얼이 지속적으로 생존하고 발전하기 위해서는 자체 브랜드 파워를 갖춰야 한다는 사실을 간파한 것이다.

비록 OEM 방식은 유통과 마케팅에 신경 쓰지 않아도 된다는 점에서는 편리하지만, 현지 소비자와의 직접적인 접촉이 없기 때문에 자사 브랜드에 대한 수요자의 반응을 알 수 없고, 자사의 브랜드 인지도를 높이는 데 불리하다. 따라서 하이얼은 OEM의 유혹을 뿌리치고 자체 브랜드로서 해외시장에 진출을 결정했다.

(2) 혁신적 실행

- 선난후이 → Made in China는 싸구려라는 인식에서 벗어나기 위해 선진 시장 우선 진출
- 글로벌 경쟁력을 갖춘 제품 품질 - 쇠망치 사건, 6 시그마
- 고객 니즈에 맞춘 혁신제품 개발로 브랜드 구축
- 글로벌화를 통한 기업역량 업그레이드 - 3/3/3, FDI로 진입방식 고도화(미국 생산공장 설립)

---

① 선난후이 → Made in China는 싸구려라는 인식에서 벗어나기
  위해 선진시장 우선 진출

'품질이 우수한 브랜드'라는 자산을 바탕으로 해외시장 진출을 추구하고자 한 하이얼은 진출 대상국 선정에서 '선난후이(先難後易)', 즉 까다로운 선진국 시장을 먼저 공략하는 방식에 주목했다.

장 뤼민 회장은 신흥시장이나 개도국을 우선 공략할 경우 중국 제품에 대한 거부감이 적고 시장 개척 비용이 많이 들지 않아 시장점유율이 빠르게 상승할 수는 있겠지만, 이와 같은 방법으로는 결코 일본의 소니, 한국의 삼성 같은 브랜드 이미지를 구축할 수 없다고 보았다. 반면, 치열한 마케팅·AS 경쟁이 벌어지고 있는 선진국 시장을 공략하여 살아남으며 중국산은 싸구려라는 부정적 인식에서 벗어날 수 있다면, 선진 시장에서 다져진 세계 정상급의 품질과 브랜드 가치로 동남아·중남미 등 신흥시장이나 아시아 중진국 시장을 쉽게 공략할 수 있을 것이라고 판단했다.

이에 따라 먼저 어려운 시장을 개척하고 브랜드 경쟁력을 확립한 후 비교적 쉬운 시장을 공략하는 선난후이 전략을 바탕으로 하이얼은 세계시장을 북미, 중미, 남미, 유럽, 서남아, 동남아, 동북아, 중동, 아프리카, 호주 등으로 10등분한 다음 가장 어렵고 중요한 미국과 EU 등 선진국 시장부터 공략해나갔다.

일반적인 중국 기업들이 동남아 등 쉬운 지역부터 진출하는 것과 달리, 선난후이 전략은 하이얼을 글로벌 브랜드로 만들겠다는 강한 비전과 더불어 시장 환경에 맞춰 자신의 역량을 높여나가겠다는 적극적인 자세가 바탕이 되었기에 가능한 결정이었다. 따라서 하이얼

은 수동적으로 자사 수준에 맞춰 환경을 선택하기보다는 선진국 시장의 까다로운 소비자 욕구에 맞춰 기업역량을 키워나가며 진출방식을 단계적으로 고도화하며 성장하고자 했다.

② 글로벌 경쟁력을 갖춘 제품 품질 – 쇠망치 사건, 시장사슬 전략

높은 품질의 제품을 생산하는 것은 글로벌 시장에서 경쟁하기 위한 기본이다. 'Made in China는 모방품·불량품'이라는 인식이 퍼져 있는 상황에서 하이얼은 철저한 품질관리를 통해 '하이얼 제품에는 문제가 없다'는 믿음을 소비자들에게 심어주고 제품의 브랜드 파워를 강화하고자 했다.

하지만 현 CEO인 장 뤼민이 1984년 일반 냉장고 공장장으로 취임할 당시 하이얼은 불량제품을 생산하는 파산 직전의 중소기업에 불과했다. 300개의 공장을 가지고 있을 정도로 양적으로 성장해 있었지만 그 중 대부분은 저품질·불량제품을 생산하고 있었다. 당시 하이얼에서 일하는 근로자들은 중국 타기업 근로자들과 마찬가지로 우수한 제품에 대한 인식이 없었으며 품질강화 개혁에 소극적이었다.

품질관리 개념이 없는 직원들에게 품질관리의 중요성을 각인시키기 위해 장 뤼민은 400대 냉장고 중 하자가 있는 냉장고를 공장 바닥에 끌어내 쇠망치로 때려부수게 하는 파격적인 방법을 사용했다. 400대 냉장고 중 하자가 있는 76대의 냉장고를 일렬로 세워놓고 하자를 유발한 직원의 이름을 붙이게 한 후, 그 직원을 앞으로 불러내 하자 난 제품은 '쓰레기'라고 말하면서 자기가 만든 냉장고를 다른 동료들이 보는 앞에서 쇠망치로 때려부수게 한 것이다.

〈OEC 관리모델 – 인사시스템과 품질관리를 연계〉

O = Overall(종합적인)
E = Everyone(모든 사람), Everything(모든 것)
C = Control(통제), Clean(깨끗한)

} '모든 직원이 매일 하고 있는 모든 것을 통제'
할당된 목표를 구체화하고 이를 활용해
월급과 같은 인센티브 제공

이와 같은 퍼포먼스는 삼성 이건희 회장이 하자가 있는 애니콜 제품을 화형하며 양(量)에서 질(質) 중심의 신경영을 선포한 것과 같은 맥락에서 이해할 수 있다. '쇠망치 사건'이나 '애니콜 화형식'은 최고 경영자의 품질에 대한 확고한 신념을 단적으로 드러내며 조직 구성원들에게 조악한 품질은 절대 용납하지 못한다는 것을 인식시켜주었다. 장 뤼민 회장은 쇠망치 사건을 통해 "품질에는 A, B, C, D 등급이 없다. 품질에는 받아들일 수 있는 품질과 받아들일 수 없는 품질 2가지가 있을 뿐이다"라고 밝히며 조직구성원의 변화를 촉구했다.

또한 하이얼은 '높은 품질의 우수한 제품'을 근로자들에게 강조하는 것과 더불어 이를 실제 기업문화로 정착하기 위해 'OEC 관리모델'과 '시장사슬 전략'을 실시했다.

첫 번째로, OEC 관리모델은 장 뤼민 회장이 테일러의 과학적 경영 원칙에 따라 통제과정과 인센티브 메커니즘의 개선을 위해 개발한 통제 시스템이다. OEC 관리모델을 통해 모든 목표를 책임자 하에 구체적이고 측정 가능하도록 만든 후 이를 활용하여 월급 등의 인센티브를 제공한다. 이에 따라 근로자는 자신이 얼마나 많은 돈을 벌었고, 또 그 이유는 무엇인지 명확히 알 수 있게 되어 스스로 품질을 개선할 노력을 기울이게 된다. 하이얼은 이와 같은 방법으로 인사평가와 품질관리를 연계하여 고품질의 제품을 생산할 수 있는 시스템을 구축하게 되었다.

두 번째로, 시장사슬 전략(Market Chain)은 모든 직원을 제품의 시장 실적과 연결하는 책임 시스템이다. 시장사슬 전략을 통해 하이얼은 디자인, 제조 및 마케팅과 같은 내부 서비스가 제품의 최종 시장 실적(비용, 이윤 등)과 어떻게 연관되어 있는지, 또 그것이 누구의 책임인지 명문화하는 등 업무를 재설계하는 방식으로 보다 빠르게 시장에 대응하고자 했다. 이에 따라, 시장에 대응하여 제품을 생산하는 데 여타 기업이 6~8개월 정도 걸리는 기간을 하이얼은 3~4개월로 단축할 수 있었다.

③ 고객 니즈에 맞춘 혁신제품 개발로 브랜드 구축

하이얼의 글로벌 시장 확대는 품질강화 노력과 소비자와 시장의 니즈를 파악해 이것을 제품화하는 혁신능력을 통해 이루어졌다. 하이얼은 미국 시장에 처음 진출했을 때, 대학생 기숙사 방에 들어가는 미니 냉장고와 호텔 룸에서 사용하는 미니바에서 새로운 틈새시장을 발견하게 되었다. 섬세하게 소비자들의 심리를 분석한 것은 타 가전업체들이 생각하지 못한 새로운 틈새시장을 발견할 수 있도록 만들어주었다.

하이얼이 급성장 중인 미니 냉장고 시장의 30%를 점유하게 되자, 월마트는 미니 사이즈 외에도 하이얼 냉장고와 냉동고를 사이즈별로 판매하겠다는 결정을 내렸다. 이렇게 해서 하이얼은 곧 소형 전기 와인셀러, 아이스크림용 냉동고, 세탁기, 식기세척기, 그리고 맥주 디스펜서 분야로 제품을 다각화하여 시장진출을 확대했다.

하이얼은 미니 냉장고 외에도 해외 유학생을 위해 냉장고나 세탁기에 부착하는 잠금장치와, 세탁기를 의복 외에 채소 세척에도 사용하는 중국 농부들의 행동에 착안하여 감자 세척 기능을 장착한 신형 세탁기를 출시해 성공을 거두는 등 소비자가 원하는 혁신적 제품 개발을 하고 있다.

④ 글로벌 시장 확대 – 3/3/3, 진입방식 고도화(미국 생산공장 설립)

하이얼 성장의 가장 큰 원동력은 글로벌화를 기업역량 업그레이드의 계기로 삼으면서 타깃시장을 글로벌 시장으로 확대한 것이다. 시장의 글로벌화를 위해 하이얼은 '3-3-3' 전략을 사용하고 있는데 이는 전체 매출액 중 3분의 1은 국내 생산 후 국내에서 판매하고, 또 다른 3분의 1은 국내 생산 후 수출하며, 나머지 3분의 1은 해외에서 생산해 해외에서 판매하는 것을 의미한다.

이를 위해 하이얼은 1990년대 중반에는 수출을 통해 나라별, 지역별 수출시장의 특성, 현지시장의 소비자 취향과 유통구조를 파악하는 데 주력하고 단계적으로 리스크가 더 큰 직접투자 방식으로 진출방식을 고도화해나갔다.

예를 들어, 하이얼은 미국 시장 진출을 위해 1990년에 여러 모델의 냉장고에 대한 미국 UL(국제 안전규격 인증기관)의 인증을 획득했으며, 다소 어렵긴 하지만 브랜드 가치를 높이기 위해 OEM이 아닌 자체 브랜드를 수출하기로 결정했다. 이어 1997년에는 수출을 투자방식으로 전환할 것을 검토하기 시작해 1998년에는 3,000만 달러를 투자해 미국 사우스캐롤라이나 주 캠덴에 하이얼 미니 냉장고 공장을 설립하게 된다.

미국 기업들이 경비 절감을 위해 중국으로 생산 공장을 옮겨가고 있는 상황에서 신흥국 기업인 하이얼이 미국 시장에 생산 공장을 짓는 것은 의외의 전략으로 받아들여질 수 있었으나, 하이얼은 미국에서 가전제품을 만드는 것만이 '메이드 인 차이나'의 이미지를 벗을 수 있는 유일한 길이라고 믿었다. 실제로 하이얼은 미국인 근로자들에게 중국인 임금의 열 배에 달하는 시간당 10달러 이상의 임금을 지급하고 있다. 이는 해외시장 중에서도 미국에서 성공을 거둘 경우, 브랜드 이미지가 향상되고, 장기적으로 세계시장에서 경쟁력을 가진 브랜드가 되기 위한 기술, 품질, 브랜드 파워가 필요하다고 판단했기 때문이다.

2000년부터 미국에서 생산을 시작한 하이얼의 미국 내 매출 실적은 첫 해에는 2억 달러에 불과했으나 2003년에는 5억 달러로 늘어났다. 그 결과 2004년에는 10억 달러에 근접하며 전미 가전 메이커 중 2위로 부상했다.

(3) 창조적 비전

> ● Made in China의 부정적인 이미지를 극복하고
> (소니나 삼성과 경쟁할 수 있는) 자체 브랜드 파워를 지닌 글로벌 기업이 되겠다

하이얼이 다른 중국 가전업체들과 달리 OEM의 유혹을 뿌리치고 자체 브랜드로 해외시장에 진출하고, 선난후이 전략을 펼치며, 신흥

국 기업임에도 중국인 열 배에 해당하는 임금을 감수하면서까지 미국 시장에 생산 공장을 지을 수 있었던 것은 하이얼을 소니나 삼성과 경쟁할 수 있는 글로벌 브랜드로 만들고자 하는 강력한 비전이 있었기 때문이다.

나아가 이 같은 창조적 비전은 하이얼이 수동적으로 자사수준에 맞춰 환경을 선택하기보다는, Made in China의 부정적 이미지를 극복하고 까다로운 시장 환경에 맞춰 기업의 역량을 키워나가며 성장하고자 하는 능동적인 환경대응을 할 수 있는 밑거름이 되었다.

3. 결과

(1) 하이얼 브랜드 가치 상승

하이얼은 2001년 2월 AM(America Manufacture)이 작성한 전 세계 10대 가전업체 명단에서 9위를 차지했으며, 2001년 8월 『포스트 글로벌』은 2002년 전 세계 10대 주방 가전업체 명단에서 총 매출 835만 대를 기록한 하이얼을 6위로 분류했다. 하이얼은 또한 아시아 『월스트리트 저널』이 꼽은 2004년 중국 기업 종합경쟁력 1위, 2006년 월드브랜드랩이 꼽은 세계 500대 기업에 진입했으며, 전 세계 1,080억 위안(14조 원) 매출을 기록하며 세계 4위의 백색가전 회사로 자리잡았다.

(2) 글로벌 시장 확대

하이얼은 세계 90여 개국에 제품을 수출하고 있으며, 3만여 개의 해외판매 아울렛을 갖고 있다. 하이얼 그룹은 2003년 말 현재 미국 사우스캐롤라이나 등 13개국에 해외공장을 갖고 있고 전 세계 1만 8,000여 개의 직영 소매점, 판매 대리점 등 유통 네트워크를 구축했으며, 160여 개국에서 자체 브랜드로 가전제품을 판매하고 있다.

하이얼은 가전제품의 왕국으로 일컬어지는 일본 진출에도 성공하면서, 최초로 일본 소비자에게 받아들여진 비일본 브랜드라는 평가를 받게 되었다. 또한 미국과 유럽에서도 괄목할 만한 성과를 보여 미국시장에서의 냉장고 점유율 1위로 200L 이하 냉장고 30%, 230~280L 냉장고의 시장점유율 35%, 소형냉장고는 50% 점유율을 달성했다. 또한 2009년에는 미국의 월풀을 제치고 1,200만 대, 시장 점유율 6.3%로 세계 냉장고 판매 1위 업체로 등극했다.

숫자로 보는 하이얼(2007년)
1위 중국 내 브랜드 가치 　　　　　　　　**1,080억 위안**(매출2006년)
25.5% 중국 가전 시장 점유율(1위)
3만 1,000배 이상 성장(1984~2006년 매출 비교)
4위 세계 백색가전 시장
5만여 명 직원 수

출처 : 「조선일보」, 2007년 3월 2일자

3 | 의류

3.1 유니클로

유니클로(Uniqlo)는 1984년 설립 이후 2003년부터 2008년까지 매출 90% 증가, 매장 수 3배 확장, 매장 수 2,000여 개 달성, 평균 영업이익률 15%를 기록하고 있는 일본의 대표적인 캐주얼 의류 브랜드다. 2009년 현재 일본 전국 750여 개 매장과 한국, 중국, 미국, 영국, 프랑스 등 6개국에 다수의 해외 점포와 7개국 생산 거점을 보유하고 있는 유니클로의 급속한 성장원인은 무엇일까? 유니클로는 90년대 일본 장기침체에 맞서 불황기에 적합한 저가전략을 앞세워 성장의 기회로 활용했다. 하지만 유니클로보다 더 저렴하게 판매하는 수많은 염가 의류업체들이 불황기 동안 몰락했다는 사실을 떠올린다면 단순히 싸다는 이유만으로는 유니클로의 돌풍을 충분히 설명하기 힘들다. 유니클로는 기존 의류시장에서 숨겨진 소비자 니즈를 발견하고 '가격-품질-패션'이라는 새로운 가치를 창출해낸 성공 사례다.

1. 급변하는 환경

(1) 90년대 일본 장기불황에 따른 의류시장 침체

1990년대 일본 경제는 수년간 호황 속에서 발생한 거품 경기가 급격히 꺼지면서 극심한 불황을 경험해야 했다. 이러한 환경변화 속에서 생활필수품이지만 패션 수단으로서 과시재로서의 성향도 큰 의류소비는 급격히 줄어들었다. 일본 총무성 자료에 의하면, 전반적인 의류소비가 지속적으로 감소하는 동시에 전체 가구 소비 중에서 의류에 대한 지출은 더욱 더 크게 감소했다.

(2) 대표적 유통채널인 백화점, 대형마트 판매량 급감

일본의 의류시장 유통채널은 고가의 제품을 판매하는 '백화점'과 가격은 싸지만 품질과 디자인이 떨어지는 '대형마트', 이 중간형태의 '전문판매점'으로 분류된다. 불황으로 인해 백화점과 대형마트를 통한 의류 판매가 현격히 감소했기 때문에, 의류시장은 급속히 침체했다.

먼저 백화점은 전통적으로 일본 의류 유통에서 40%를 넘는 중요한 위치를 차지하면서 주요 역할을 했으나, 서서히 명성이 기울어감에 따라 점점 더 어려운 상황에 처해가고 있었다. 이러한 현상의 원인은 기본적으로 저렴한 제품보다는 다소 비싼 제품의 판매에 치중한 백화점의 특성 탓이었다. 경기침체로 인한 소비 위축은 이러한 소비를 더욱 위축시켰다.

염가의 제품을 대량으로 판매하는 대형마트 역시 상황은 좋지 않았다. 불황기에 다양하고 만족할 만한 품질의 제품을 출시하기보다 저가의 낮은 품질과 뒤떨어진 디자인의 옷에 집중한 결과, 일본 소비자의 외면을 받았기 때문이다. 대형마트의 의류 판매 비중은 90년대 들어 더더욱 축소되었다.

2. 환경대응

(1) 기회포착

유니클로는 90년대 일본경기침체로 의류소비가 급감하는 위협에 직면하면서, 기존 의류 유통채널인 백화점과 대형마트의 판매량이 급감하는 것을 통해 새로운 소비 트렌드를 파악하게 되었다. 유니클로는 변화하는 소비자 니즈를 실현하기 위해 기업을 둘러싼 외적환경을 어떻게 파악했을까? 유니클로는 특히 다음 3가지 사실에 주목하여 경쟁사와 차별화된 시장기회를 발견하게 되었다.

- 불황기에서 변화하는 소비 트렌드는 무엇인가?
  → 저렴하고 질 좋은 의류 선호
- 소비자 니즈를 실현시키기 위해 어떤 외부 환경을 이용할 것인가?
  → 인건비가 저렴한 중국 시장에 주목

- 기존 경쟁자의 약점은 무엇인가?

  → 기존 의류전문 판매점은 복잡한 유통채널을 가지고 있음

● **불황기에서 변화하는 소비 트렌드 포착 → 저렴하고 질 좋은 의류 선호**

유니클로는 불황기 때 변화하는 소비자 니즈를 충족시키기 위해서는 저렴한 가격과 좋은 품질이라는 조건을 동시에 만족해야 한다는 것을 깨닫게 되었다.

경기가 좋지 않을수록 소비자들은 조금이라도 더 싸고, 더 좋은 물건을 찾게 되며 물건 구매 시 더더욱 까다로워진다. 불황기라고 해서 가격이 아무리 저렴해도 품질 또는 브랜드 이미지가 따라와주지 않으면 소용이 없다. 90년대 일본 불황기 때 백화점과 대형마트에 의한 의류 판매가 현저하게 감소한 결과를 보더라도, 침체된 경기에서 소비자들은 고가의 제품을 구매하는 것을 꺼려하면서도 품질과 디자인을 도외시한 채 가격만을 앞세운 제품은 외면한다는 것을 알 수 있다.

유니클로는 불황기라고 해서 단순히 '저가격'만을 내세우는 것에는 한계가 있다고 판단했다. 오히려 불황기이기 때문에 경쟁대상이 의류업체가 아닌 PC, 휴대폰 등 다른 소비재 품목으로 확대된다고 보고, '높은 품질, 낮은 가격'이라는 새로운 가치를 통해 의류 시장의 매력도를 높이고자 했다. 유니클로 야나이 다다시 회장은 다음과 같이 말했다.

"불황기 소비자들은 예산이 줄어들기 때문에 옷뿐만 아니라 PC, 휴대폰, 자동차 등도 경쟁상대가 됩니다. 이런 소비자에게 옷을 선택하게 만들려면 당연히 다른 산업보다 매력 있는 상품을 내놓아야

합니다. (…) 산업 내부로만 생각이 머무른다면 '파이는 일정하고 수요가 결정돼 있다. 이걸 어떻게 뺏어먹을까'라는 생각에 머무를 수밖에 없습니다. (…) 수많은 상품 중에서 선택받으려면 정말 고객이 원하는 제품을 만들어야 합니다."

● **인건비가 저렴한 중국 – 소비자 니즈를 실현시키기 위한 (도구)로서 접근**

경기침체기에 저렴하고 질 좋은 의류를 선호한다는 새로운 소비 트렌드를 파악한 유니클로는 소비자 니즈를 실현시키기 위한 방안으로 중국 시장을 주목했다.

당시 유니클로뿐만 아니라 많은 일본의류 업계에서는 인건비 절감을 통해 가격 경쟁력을 강화할 수 있다는 점 때문에 한참 중국 진출에 대한 붐이 일어났었다. 하지만 많은 업체들이 중국으로 생산설비를 이전하고 공장을 세워 일본으로 역수입하는 형태를 취한 것은 생산비용 감소를 일본 국내 가격에 반영시키지 않은 채 두 시장 사이의 차액만을 노리기 위한 것이 대부분이었다. 또한 중국 시장 진출은 생산비용이 줄어든다는 장점을 가지고 있었지만 품질이 하락할 수도 있다는 리스크를 동시에 가지고 있었다.

다같이 중국진출이라는 전략을 사용했는데 유니클로와 다른 경쟁업체의 차이는 어디에서 생긴 것일까? 유니클로는 '높은 품질, 낮은 가격'이라는 비전을 바탕으로 소비자 니즈를 충족시키기 위해 중국 시장에 접근했다. 즉, 경쟁업체가 생산비 절감을 통한 매매차익에만 급급했던 반면, 중국에서 낮은 가격으로 생산한 옷을 저렴한 가격과 좋은 품질의 제품으로 소비자에게 제공하는 것을 목표로 삼은 유니클로는 중국시장을 창조적으로 활용하고자 했다.

● **기존 의류전문판매점은 복잡한 유통채널을 가지고 있음**

해외생산을 통한 매매차익을 얻기에만 급급했다는 점 외에도, 일본
의류업체들이 저가전략을 펴기 어려웠던 이유는 일본 의류시장이 생산
은 생산, 판매는 판매, 이들 사이를 연결하는 물류는 물류 등 전부 따로
따로 분리되어 있는 복잡한 유통채널을 가지고 있었기 때문이었다.

소재구매 단계에서 '종합상사'가 개입하면 '봉제 공장'에서 기본
소재를 제공받아 '제조업체'에서 제조만을 전담했다. 또한 제조업체
에서 소비자로 이어지는 공급사슬 역시 도매와 소매로 이어지는 전
통적인 유통채널에 많은 것을 의지하는 상황이었다. 그로 인해 가격

〈유니클로와 일반적인 판매흐름의 차이〉

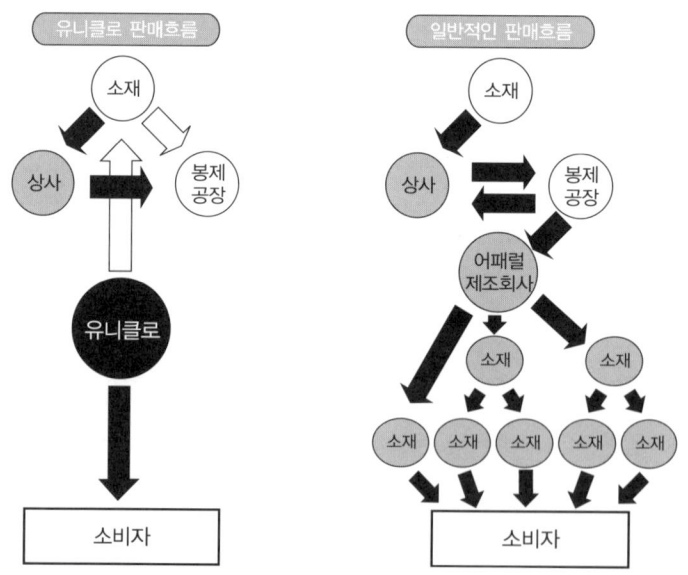

에서 옷 자체의 가격 외에도 유통 등 의류 외적인 측면에서 많은 비용 지출이 발생했다.

이러한 상황에서 유니클로는 기존 의류산업의 복잡한 유통채널을 간소화하고 모든 과정을 자사가 관리하여 직접 판단할 수 있다면 제조비용이나 마진을 훨씬 낮출 수 있다는 사실에 주목했다. 유통의 전 과정을 조절한다는 것은 그만큼 리스크가 높다는 것을 의미했지만, 야나이 다다시 회장은 '리스크가 높다고 해서 무조건 포기하는 것은 실패의 원인'이라고 판단하며 SPA(제조자 판매의류전문점) 방식을 채택하게 되었다.

그렇다면 유니클로는 SPA 방식을 통해 발생할 수 있는 리스크와 재고관리 문제는 어떻게 해결할 수 있을까? 뒤이어 '환경 대응'에서 계속 알아보자.

(2) 혁신적 실행

- 적극적 출점 공세로 시장 점유율 확대
- 패스트 리테일링 : SPA 생산방식 + 중국 위탁 공장
- 중국에서 철저한 품질관리로 소비자 신뢰 확보 → 장인프로젝트
- 적은 품목 대량생산으로 대량소비 유도 → 재고관리문제 해결
- 로고 노출을 최소화해 '생필품처럼 사는 옷'이라는 독특한 브랜드 형성

① 적극적 출점 공세로 시장 점유율 확대

90년대 일본의 장기불황으로 인해 백화점이나 대형마트 등은 비록 수익을 내더라도 이자를 지불하기에도 급급한 처지였다. 이와 같은

상황에서 유니클로는 방치된 토지, 건물 등을 손에 넣거나, 출점비
용저하, 규제완화 등을 이용하여 적극적인 출점 공세에 나섰다. 불
황기에 특히 강한 힘을 발휘하는 가격 경쟁력을 무기 삼아 구세력인
기존 소매업으로부터 손쉽게 시장 파이를 빼앗을 수 있었던 것이다.

② 패스트 리테일링 : SPA 생산방식 + 중국 위탁 공장

유니클로는 상품기획, 디자인, 원자재구매, 생산, 마케팅, 판매 등
모든 유통과정을 직접 관리하는 SPA(제조자 판매의류전문점) 시스템을 도입
하는 한편, 일본에서는 상품기획과 디자인만 하고 중국 등 해외공장에
서 제조를 맡기는 방식을 채택했다. SPA는 미국 브랜드 GAP이 1986년
도입한 개념으로 기획부터 디자인, 생산, 그리고 판매에 이르는 전 과

〈유니클로의 공급체인〉

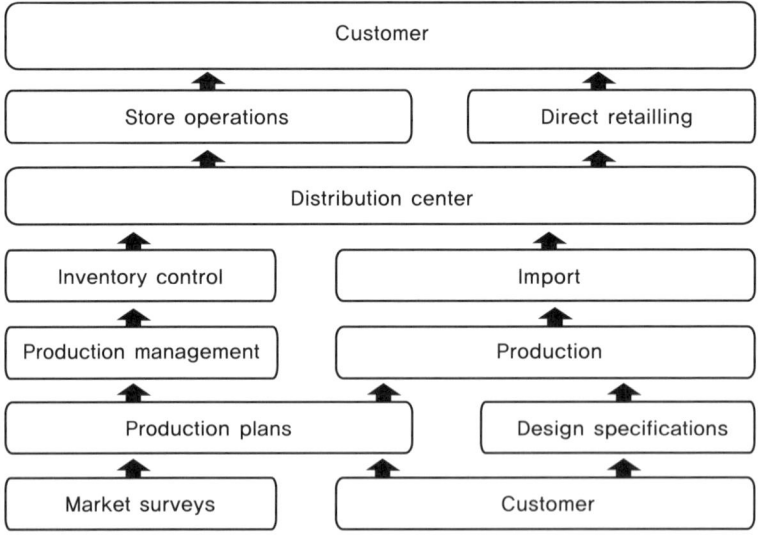

source : 2001 Annual report og Uniqlo

정을 본사에서 수직 시스템화해서 일괄적으로 처리하기 때문에 중간 과정이 생략되어 상당한 원가 절감을 이룰 수 있다는 장점을 가지고 있다. 따라서 철저한 사전 분석과 조사로 제품의 생산부터 재고관리까지 모든 거품을 제거하는 SPA는 불황기에 합리적 소비를 지향하는 소비자 니즈를 충족시킬 수 있는 고효율 비즈니스 모델이라고 할 수 있다.

기존 일본 의류업체들이 원자재에서 봉제에 이르기까지 제조회사가 각각 따로따로 만들어 불필요한 유통비용을 발생시킨 반면, 유니클로는 이를 일원적으로 관리하여 비용을 줄이고 중국 생산을 통해 파격적으로 생산원가를 낮췄다.

③ 중국에서 철저한 품질관리로 소비자 신뢰 확보 : 장인프로젝트

당시 많은 일본 의류업체가 인건비 절감을 위해 생산설비를 중국으로 이전하고 있었지만, 이와 같은 변화를 핵심역량으로 승화시킨 기업은 오직 유니클로뿐이다. 경쟁업체가 매매차익을 위한 낮은 생산비용에만 몰두한 반면, 유니클로는 '높은 품질, 낮은 가격'이라는 비전을 실현하기 위해 중국시장으로 진출했기 때문이다. 이와 같은 창조적인 접근법은 중국에서 만들었더라도 높은 품질을 가진 의류라는 인식을 소비자들에게 심어주기 위한 품질강화 노력으로 이어졌다.

유니클로는 '중국에서 생산하는 제품은 품질이 좋지 않다'는 고정관념을 깨기 위해 품질관리 점검 항목 50여 개를 설정했다. 그리고 이를 조금이라도 충족하지 못하면 즉석에서 시정할 수 있도록 관리했다. 품질강화를 위한 유니클로의 노력은 30년 이상의 경험을 가진 일본 베테랑 기술자 고문 팀을 조직해 중국에 파견하는 '장인 프로젝트'를 통해 구체적으로 실현되었다. 이 프로젝트에 따르면 염색, 방적, 실뜨기, 봉제, 공장관리 등 일본인으로 구성된 베테랑 기술자들이 모인 장인팀이 중국의 공장에서 매 공정별로 구체적이고 철저한 기술 지도를 실시한다. 일례로 상하이에 있는 유니클로의 중국 현지 사무소 직원들은 매일 공장으로 기술 지도를 나가고 품질검사 실시와 노동환경완비를 항상 강조한다. 중국 생산체제 강화가 품질 저하로 연결되지 않도록 기울인 생산관리 노력을 통해, 유니클로는 소비자들에게 'Made in China' 제품임에도 높은 품질을 가진다는 인식을 심어줄 수 있었다.

④ 생산전략 : 적은 품목, 대량생산으로 완전판매 유도 → 재고관리문제 해결

중국에서 엄격한 품질관리를 통해 의류의 질을 높인다고 하더라도 유니클로는 SPA 방식에 의한 대량생산 시스템에 의존했기 때문에 재고 관리상 리스크를 가지고 있었다. SPA 방식으로 중간유통마진을 줄여 생산원가를 줄일 수 있다는 장점이 있지만 동시에 재고부담을 포함한 모든 위험을 기업이 떠맡아야 하는 단점이 있기 때문이다. 대부분의 기업들은 리스크를 피하려고만 생각하고 그것을 조절하지 못해서 실패하지만, 유니클로는 오히려 재고부담이라는 단점을 최소화하는 과정에서 기업의 핵심역량을 확보해나갔다.

우선 생산 아이템은 사람들이 가장 많이 소비하는 일상 베이직 웨어로 한정했다. 티셔츠, 청바지, 니트, 가디건 등의 몇몇 품목만을 대량으로 생산하여 대량 소비를 유도함에 따라, 재고를 쉽게 관리하는 것이 가능해지기 때문이었다. 또한 한 품목당 30~45일 정도만의 판매기간을

정해놓고 하루 단위로 세밀하게 판매목표치를 설정해 '완전판매'하는 것을 목표로 했다. 인기 품목이라도 이 기간이 지나면 더 만들지 않고 신상품으로 대체한다. 만약 잘 팔리지 않는 제품이 있으면 1+1 행사나 수시할인 코너를 마련해 소진시켜 재고비용을 제로로 만들었다.

즉, 유니클로는 재고관리 문제라는 단점을 극복하는 과정에서 베이직웨어로 한정하여 1년에서 1년 반 전에 안정적인 상품기획을 할 수 있게 되었고, 최대 수량 생산을 목표로 대량으로 원단을 구입함으로써 생산 원가를 대폭 낮출 수 있었다. 또한 트렌드에 빠르게 대응하기 위한 조사, 개발비용, 신속한 공급을 위한 물류비용 등이 절약되어, 경쟁 SPA 업체인 ZARA, H&M에 비해 더 높은 원가 우위를 점할 수 있게 되었다.

⑤ 로고 노출을 최소화해 '생필품처럼 사는 옷' 이라는 독특한 브랜드 형성

하지만 패션 브랜드가 단순히 '값 싸고 질이 좋은' 것만 가지고서는 시장에 충분히 어필할 수 없다. 패션 브랜드에서 중요한 것은 명확한 아이덴티티를 가지는 것으로, 분명한 아이덴티티는 소비자를 공략하는 콘셉트이자 시장개척을 위한 전략이기도 하다. 이런 점에서 유니클로는 브랜드 아이덴티티를 구축함에 있어, 기업의 핵심역량인 독특한 생산전략과 연관시켜 서로 시너지 효과를 내는 선순환 구조를 창출해냈다.

유니클로는 일단 다 팔린 제품은 아무리 인기가 좋아도 다시 생산하지 않는다. 이때부터 소비자들에게는 새로운 브랜드 이미지가 생

겨나게 되었다. '유니클로에서 나온 좋은 제품을 놓치면 기회는 다시없다'는 인식을 갖게 된 것이다. 이것은 다음 제품의 판매에도 영향을 미쳐, '유니클로에서 새로운 상품이 나왔다'라고 선전하면 곧바로 '다 팔리면 살 기회가 없다'는 반응을 만들어냈고, 고객으로 하여금 일단 사든 사지 않든 우선 매장에 들르도록 유도했다. 원래 잘 팔리는 상품이 있다면 더 찍어서 파는 것이 당연하다고 생각하지만, 유니클로는 기존 판매 생산에 대한 고정관념을 무너뜨리는 혁신적인 방법으로 오히려 브랜드 전략을 강화한 것이다.

또한 '패션산업에서 브랜드 이미지를 확보하기 위해 로고가 가지는 특별한 가치를 소비자에게 전달해야 한다'라는 기존 관행을 뒤엎고 소비자들에게 로고를 최대한 노출시키지 않는 파격적인 브랜드 전략을 실시했다. 이를 통해 유니클로는 자사 제품의 특징인 높은 품질과 저렴한 가격을 최대한 활용할 수 있는 브랜드 이미지를 획득하게 되었다. '생필품같이 파는 옷'이라는 독특하고 차별화된 가치를 지니게 된 것이다. 유니클로는 오히려 로고를 부착하지 않음으로써 10대에서 50대까지 모든 연령과 계층에서 구매할 수 있게 만들며 구매층을 엄청나게 확대하는 역발상 브랜드 전략을 펼쳤다. 소비자들은 마치 생필품을 구매하듯이 유니클로 제품을 한 번에 여러 개를 색상별로 구입하거나, 다양한 제품을 한꺼번에 구매했다. 이는 유니클로의 매출신장과 브랜드 이미지 구축에 도움을 주었다.

(3) 창조적 비전

- '가격 · 품질 · 디자인'을 모두 충족하는 제품으로 의류 시장 전체의 매력도를 높인다.
- 옷은 패션이 아닌 생필품이다

유니클로의 성장은 단순히 가격이 싸다는 이유로는 설명하기 어렵다. 유니클로가 일본경제 불황기에 소비자 니즈를 포착해내고 이를 성장의 디딤돌로 삼을 수 있었던 것은 기존 의류 시장에는 존재하지 않았던 '가격 · 품질 · 디자인을 모두 만족시키는 의류', '생필품 같은 의류'라는 창조적인 비전을 가지고 있었기 때문이다.

다른 경쟁업체들이 중국 시장을 단순한 원가절감을 위한 수단으로 접근한 것과는 달리, 유니클로는 '가격과 품질 모두 우수한 제품'을 만들겠다는 비전을 바탕으로 품질강화 노력을 기울이게 되었고, 일본 소비자들에게 유니클로 제품은 중국에서 만들어졌더라도 품질이 좋다는 인식을 심어줄 수 있었다.

또한 경쟁기업들이 원가절감은 할 수 있으나 모든 재고를 떠맡아야 한다는 리스크 때문에 유통과정을 간소화하는 SPA 방식을 도입하는 것을 머뭇거리고 있을 때, 유니클로는 생필품 같은 옷을 만들겠다는 비전을 가지고 베이직 제품을 중심으로 한 소진 위주의 마케팅을 펼치며 SPA 시스템을 효율적으로 활용할 수 있었다.

3. 결과

(1) 기업의 외적성장

아래 그래프에서 볼 수 있듯 유니클로의 매출액은 99년에서 2001
년 사이 폭발적으로 증가했다. 이것은 유니클로의 강력한 마케팅 및
확장 정책이 맞물려 강력한 힘을 발휘한 결과다. 2년간 총 판매액이
해마다 두배씩 늘어났고 운영 수익은 2년 만에 무려 7배 이상 늘어
났다. 매장 수 역시 99년 368개에서 2001년 519개로 폭발적으로 증
가했다.

하지만 2002년 유니클로는 성장 한계에 빠졌다. 처음으로 매출이
감소한 이때 유니클로는 매출 감소의 요인으로 식상함을 꼽았다. 기
존의 'Non Age, Non Sex' 전략에서 여성복과 남성복을 구분하여 성
적인 명확성을 부여함으로써 고객의 니즈를 더욱 만족시키고자 노력
했다. 이런 고난을 딛고 일어서며 유니클로는 더욱 성장했고 2009년

⟨net sals(millions of Yen)⟩

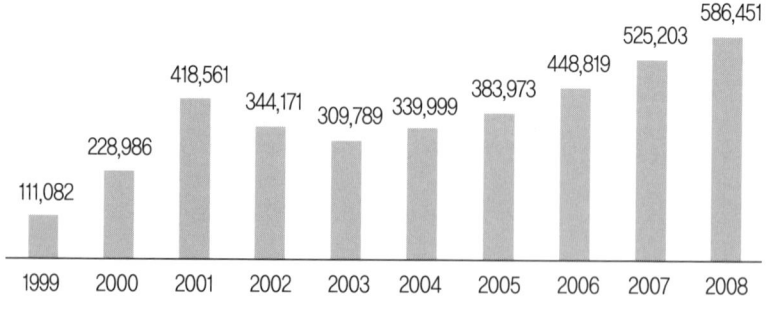

출처 : Uniqlo Annual report

도에는 매출 6,600억 엔, 영업이익 1,010억 엔을 달성해 4년 연속 사상 최대 실적 경신을 기대하고 있다.

(2) 기존 의류 시장에는 없었던 새로운 가치 창출 : 가격 · 품질 · 디자인

유니클로는 생산, 유통, 마케팅, 경영을 모두 다 관여하는 SPA(Specialty Store retailer of Private Label Apparel : 제조 소매형 의류매장) 시스템을 채택하고 있다. 이런 시스템 하에서 가격을 낮추기 위해 중국 등의 해외 공장에서 대량생산을 한다. 중국 공장에서의 대량생산으로 낮아질 수 있는 품질은, 품질관리 점검 항목 50여 개를 설정해 이를 조금이라도 충족하지 못하는 경우 즉석에서 시정할 수 있도록 관리하는 시스템을 구축했다. 또한 30년 이상의 베테랑 기술자를 파견하므로 철저한 품질 관리를 수행하도록 했다.

2005년부터는 디자인 측면을 본격적으로 관리하기 시작했다. 이전에는 '유니클로의 고객은 저가 제품과 심플한 디자인을 선호한다'고만 판단할 뿐 고객의 니즈를 정확히 파악하지 않았다. 하지만 2004년 매출액이 소폭 하락한 유니클로는 더 이상 좋은 품질의 저가 상품만으로는 시장을 장악할 수 없다는 사실을 깨닫게 되었고, 디자인 강화에 힘을 쏟기 시작했다. 매장 미팅을 통해 디자이너가 현장에서의 냉혹한 비판 및 코멘트를 직접 접하게 됨에 따라, 고객들의 니즈를 신상품 개발에 그대로 반영했다. 이러한 방식으로 저가에 품질 좋은 브랜드에서 디자인도 훌륭해 소비자의 니즈를 충족시켜주는 브랜드로 거듭나게 되었다.

3.2 리앤펑

본래 리앤펑(Li&Fung)은 1980년대까지 중국에서 수출, 수입되는 소비재를 구매자와 판매자에게 연결시켜주는 일에 종사해온 전통적인 무역업체였다. 하지만 중국개방화와 정보통신기술 발달 등의 환경변화로 기존 단순중개업 사업모델의 수익성이 떨어지자, 활동영역을 넓혀 원료 구입에서부터 소비자에게 이르기까지의 전 가치사슬을 통합, 관리하는 '공급망 관리 기업'으로 한 단계 진화하게 되었다.

현재 리앤펑은 생산 장비나 처리시설은 보유하고 있지 않으면서도 특화된 제품과 제조 역량을 갖춘 40여 개 국가·약 7,500여 개의 공급업체와 제조업체로부터 구매하는 독특한 사업모델을 가지고 있다. 스스로 자산을 보유하기보다 협력업체의 자산을 활용하여 리스크를 줄이고, 전 세계에 걸친 이해관계자들이 협력할 수 있는 환경을 조성하여 수익을 창출하는 '저자본 레버리지 사업모델'로 과도한 자본자산이나 장기부채 없이 새로운 기회를 잘 활용하며 급격히 성장한 것이다. 세계에서 가장 영향력 있는 회사 29개 중 하나로 선정되고(2008년 『비즈니스 위크』), 아시아에서 가장 놀랄 만한 50개 기업 중 하나(2008년 『포브스』)로 꼽힌 리앤펑의 성공사례를 분석해보자.

1. 급변하는 환경

(1) 홍콩에서의 생산비용 증가 & 중국 개방화 − 노동집약적인 부분 중국으로 이전

1906년 홍콩에서 설립된 리앤펑은 초기에 아시아 제조업자와 해외 상인 간 의류 관련 거래 브로커 역할을 수행했다. 하지만 1990년대 한국, 대만 등 아시아의 호랑이로 불리던 국가들의 부상과 생산기지 홍콩에서의 비용이 점차 높아지면서 리앤펑이 직면하는 기업 환경이 급변하기 시작했다. 중국이 막 개방 정책을 도입하기 시작한 때, 홍콩에 있던 제조업체들은 비용이 적게 드는 지역으로 옮겨가려는 움직임을 보였다.

홍콩의 제조업체들은 환경변화에 맞춰 비용을 절감하기 위해 노동집약적인 부분을 중국남부 경제특구로 이전하려는 움직임을 보였다. 예를 들어 트랜지스터 라디오와 부품을 모아 포장해서 중국으로 보내 조립하여 일단 일손이 많이 가는 작업이 끝나고 나면 완성품을 다시 홍콩으로 가져와 품질 검사를 실시하는 식으로 전환했다. 즉, 가치사슬 중간의 노동집약적인 부분은 중국 남부에서 처리하고 가치사슬의 앞과 뒤는 홍콩이 담당하는 형태로 사업구조를 변화했다.

홍콩에 거점을 두고 있던 리앤펑은 이러한 사업구조의 변화와 더불어 직거래가 선호되면서 브로커 수수료 인하 압박에 직면하게 되었고, 기존 '단순 중개업' 모델로는 지속적인 성장에는 한계가 있다는 것을 깨닫게 되었다.

(2) 세계화 확산 → 소비수요 세분화 및 전 세계 기업들 활용 가능

이 시기에는, 세계화로 인해 예전에는 국내에서만 수행하던 원료구입, 부품구입을 전 세계 기업들로부터 공급받을 수 있게 변화되었

다. '평평해진 세계'라고 불리는 이와 같은 현상은 세계 기업들이 각 기업의 가치사슬에 참여할 수 있게 되었다는 것을 의미한다.

세계화가 소비재 시장에 가져온 영향은 단순히 세계 각지에서 다양한 제품들이 들어왔다는 것에 그치지 않는다. 경쟁이 글로벌 영역으로 확대되었기 때문에 훨씬 더 치열한 경쟁시장이 형성되고 제품의 수명주기는 점점 짧아졌다. 이에 따라 공급업체와 소매업체는 변화하는 소비자 욕구에 맞춰 적기에 상품을 생산하지 못하면 도태될 위협에 처하게 되었다. 게다가 세분화된 다양한 소비자 기호를 만족시키기 위해서 여러 가지 제품을 설계하고 다수의 틈새시장을 공략해야 하는 리스크를 짊어져야 했다.

결국 '세계화'라는 환경 변화는 기업에게 어떻게 하면 좀 더 유연하고 민첩하며 효율적이면서도 고객의 요구에 적극적으로 대응하는 방식으로 공급망 관리를 해낼 수 있는가에 대한 이슈를 만들었다. 고객 니즈를 빨리, 그리고 정확하게 만족시키는 능력을 유지하는 가운데 각자의 핵심역량에 집중하고 나머지는 아웃소싱을 통해 얼마나 잘 조정할 수 있는가를 고려하는 기업들이 점차 늘어났다.

2. 환경대응

(1) 기회 포착

- '중국 전역에 존재하는 광범위한 기업 네트워크망'을 새로운 경영자원으로 인식

> - 공급자아웃소싱 중요성 파악 → 저자본 레버리지 사업 모델
>   : 가치사슬을 분리하여 각 기능을 가장 효과적으로 담당할 수 있는 지역으로 분산
> - 전통적 무역업체(브로커) 역할에서 공급망관리 업체로 업그레이드

- **'중국 전역에 존재하는 광범위한 기업 네트워크망'을 새로운 경영자원으로 인식**

이러한 사업모델을 이용해서 리앤펑은 가치사슬을 분리하여 제조 기능을 가장 효과적으로 담당할 수 있는 지역으로 분산했다. 즉, 분산형 제조업 관리를 통해 한 곳에서는 기술보다는 노동력이 많이 필요한 부분을 담당하여 처리하고, 다른 곳에서는 시험과 포장을 한 뒤 다시 제3국으로 옮겨가서 유통을 하는 등, 각 지역별 강점에 따라 가치사슬을 나누게 된 것이다.

일단 방법을 터득하자 중국 남부 너머 전 세계로 진출해야 한다는 사실이 명백해졌다. 리앤펑은 더욱 새롭고 다양한 공급원을 찾기 시작했고 전 세계로 지리적 활동 영역을 넓힌 결과 이른바 '국경 없는 제조업'의 모델을 더욱 발전시키기에 이르렀다.

- **공급자아웃소싱 중요성 파악 → 저자본 레버리지 사업 모델 : 가치사슬을 분리하여 각 기능을 가장 효과적으로 담당할 수 있는 지역으로 분산**

소비자 시장을 세분화하여 변화하는 소비자 기호에 좀 더 즉각적으로 대응할 필요성이 늘어나면서, 리앤펑은 효과적인 공급망 관리와 핵심사업 분야로의 집중이 미래 비즈니스 경쟁에서 점점 더 중요한 역할을 하게 될 것이라는 사실을 깨닫게 되었다.

리앤펑은 활동영역을 전체 공급망을 관리하는 것으로 넓혀, 필요한 상품을 비용 면에서 가장 효과적인 방법으로 생산할 수 있는 최적의 장소를 찾아내 상품을 소매업자 및 고객에게 최단 시간 내에 납품하는 것을 궁극적인 목표로 삼았다.

즉, 리앤펑은 소비자의 다양한 욕구에 따라 세분화된 틈새시장을 효과적으로 공략하기 위해 공급망 가치사슬을 분석했고, 각 단계별로 최적의 솔루션을 추구했다. 이런 프로세스를 통해 세계적인 공급망을 구축하고 그 공급망 위에서 각 지점별로 품질, 비용 및 기타 장점들을 극대화했다.

예를 들어 유럽의 한 소매업자로부터 의류 10,000벌의 주문을 받았다고 할 때, 이 고객을 위해 원사는 한국 업체로부터 구매하지만 방적 및 염색 가공은 대만에서 한다. 그리고 일본이 가장 품질 좋은 지퍼와 단추를 만들기 때문에 일본의 대형 지퍼 제조업체인 YKK의 중국 공장에 적당한 지퍼를 주문하게 된다. 수입 쿼터제와 인건비를 고려해 의류 생산의 마무리는 태국에서 한다. 최종 납기를 맞추기 위해서 이 주문은 다섯 개의 생산 공장에 나눠 발주한다. 주문을 받은 지 5주 뒤, 유럽의 고객에게는 마치 한 곳에서 만든 것과 같은 10,000벌의 의류가 도착한다. 말하자면 리앤펑의 '국경 없는 제조모델'의 핵심은 고객을 위해 가치사슬을 분리한 뒤 각 단계를 최적화하고 다시 재조합한 것이다.

● **리앤펑의 공급망 관리의 7가지 원칙**

⑴ 고객 중심의 자세를 견지하면서 시장의 요구에 대응한다.

(2) 핵심 역량에 집중하고 나머지는 아웃소싱하며 공급망 내에서 포지셔닝을 개발한다.

(3) 협력업체와 위험 및 이익을 공유하는 긴밀한 관계를 형성한다.

(4) 공급망 내의 업무, 물리적 활동, 정보 및 현금의 흐름을 설계, 실행, 평가, 조정한다.

(5) 정보기술을 활용하여 공급망 운영을 최적화한다.

(6) 제품의 리드타임과 납기를 줄인다.

(7) 소싱, 창고 보관, 물류 비용을 줄인다.

(2) 혁신적 실행

- 공급업체 네트워크 협력관계 – 30/70 법칙

- 인수를 통한 성장

- 정보관리, 지식공유 시스템

① 공급업체 네트워크 협력관계 – 30/70 법칙

〈리앤펑의 GNB〉

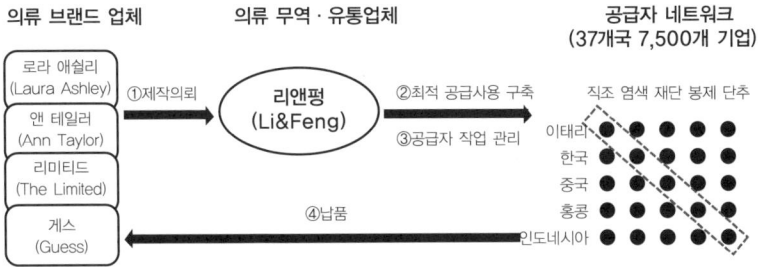

리앤펑은 가치사슬을 분석했고, 각 단계별로 최적의 솔루션을 추구했다. 이러한 프로세스를 통해 세계적인 공급망을 구축하고 그 공

급망 위에서 각 지점별로 품질, 비용 및 기타장점들을 극대화했다. 납품주기를 단축하기 위해 리앤펑은 생산 프로세스의 유연성과 민첩성을 높여야 했다. 이에 따라, 리앤펑은 리앤펑의 공급업체와 제조업체 각각이 지니고 있는 역량을 완벽히 이해하여 각각의 강점에 따라 업무를 배분했다.

예를 들어 재단을 하는 업체 중 어느 업체는 거친 모직을 잘 다루는 반면에 더 섬세한 조직을 가진 앙고라나 캐시미어 등의 양모를 대량으로 다루는 능력은 부족하다는 사실을 알고 이에 맞게 업무를 배분하는 것이다. 이는 단순한 지식의 차원을 넘어선다. 리앤펑의 주문을 만족시킬 수 있는 공급업체 네트워크를 짜맞추려면 실제로 그들과 함께 일을 해야 한다.

물론 공급업체에 대해 잘 아는 것이나 생산 프로세스를 감독하는 일은 매우 중요하지만 그렇다고 해서 각 생산공장 단계에서부터 통제를 해야 한다는 것은 아니다. 리앤펑은 일일이 각 생산공장이 어떤 방식으로 일을 해야 한다고 지나치게 규정하기보다는, 최종 제품이 고객의 요구사항을 만족시킬 수 있도록 하는 생산 프로세스의 지표를 설정해준다. 예를 들어 염색업체에게 색상과 품질 등의 최종 제품 사양과 재봉업체에 보내야 하는 날짜에 대한 정보는 전달하지만 그들이 어떤 식으로 작업을 해야 한다고 말하지는 않는다.

리앤펑은 모든 공급업체에 대해 장기간에 걸쳐 최대 생산능력의 30~70% 일감을 확보해줌으로써 그들에게 경제적인 인센티브를 제공한다. 상한선이 70%를 넘지 않는 이유는 협력업체가 지나치게 리앤펑에 의존하는 것을 막고 그들 스스로 다른 고객사들과 함께 일함으로써 자신의 역량을 키우고 새로운 기술을 흡수할 수 있는 방향으로 나아가게 하기 위해서다. 또한 협상력을 유지하고 협력업체가 우선적으로 리앤펑에게 신경을 쓰도록 하기 위해 30% 이하로 내려가는 것도 피하고 있다.

이외에도 리앤펑은 협력업체(공급업체)들에게 생산능력과 기술 수준을 향상시킬 수 있는 기회를 제공하는 인센티브를 주고 있다. 리앤펑의 각 제품팀은 공급업체들을 위한 상세하고 측정 가능한 기준을 확립하여 생산능력과 제품의 품질을 면밀히 모니터한다. 제품팀은 공급업체에게 생산능력, 강점, 약점에 대한 심도 있는 피드백을 제공하고, 공급업체는 제품팀과 함께 자신들의 결점을 보완하며, 서로의 생산능력 기준에 차이가 있는 경우 이를 해결하기 위해 노력한다. 이러한 협력은 지속적인 생산능력 향상을 위한 강력한 도구가 되었다.

즉, 리앤펑은 기술적인 측면에서 리더십과 인센티브를 제공하여 모든 공급업체와 제조업체들을 하나의 네트워크로 묶고 있다. 또 전체 네트워크의 정보 흐름과 더불어 고객이나 공급업체와의 관계를 관리하여 생산 소요시간과 비용, 위험을 줄이고 있다. 이 공급업체 및 제조업체 인프라는 다양한 고객들을 연결시켜 가상공급망을 형성한다.

② 인수를 통한 성장

공급망 관리의 최대 이점은 아무런 제약 없이 자유롭고 유연하게 어디에서나 사업을 전개할 수 있다는 것이다. 이러한 공급망 관리의 경쟁력을 높이기 위해서는 타기업 인수를 통해 유연성을 최대한 키워서 고객들에게 다양한 선택의 폭을 제공하는 것이 중요하다. 예를 들어 미국 고객 중 신속한 서비스를 바라는 고객에게는 멕시코나 카리브해 연안 등 인근 지역의 제조업체를 찾아준다. 한편, 저가로 생산하기를 바라는 고객을 위해서는 아시아 지역에서 소싱을 한다.

리앤펑은 미국과 유럽 시장에서의 성장을 뒷받침하기 위해 오랜 기간에 걸쳐 소싱 네트워크를 위한 몇 가지 조치를 취해왔다. 1996년 이전의 소싱은 주로 아시아 지역에서 이루어졌으나, 1996년에 IBS(Inchcape Buying Service)를 인수하게 됨에 따라 유럽 시장에서의 성장 또한 도모할 수 있게 되었다. 서유럽 지역에 주로 있었던 IBS의 기존 고객들은 중국에서 생산하기 위해 6개월에서 9개월 전에 미리 주문을 해야 했다. 그렇기 때문에 기존 고객들은 인근의 터키나 포르투갈 같은 국가에서 생산하여 소요시간을 단축할 수 있다면 추가로 대금을 지불할 의사를 가지고 있었다. 리앤펑은 이러한 유럽 고객들의 니즈를 만족시키기 위해 유럽지역에 더 많은 현지 사무소를 세우고 공급업체 네트워크를 확장하기 시작했다. 1996년에서 1997년 사이 유럽 시장으로의 확장을 지원하기 위해 이집트와 튀니지에도 소싱 사무소를 열었다.

③ 정보관리, 지식공유 시스템

리앤펑은 공장이나 옷감, 재봉틀 없이 오직 소싱을 통해서 옷을 만드는 회사다. 프로세스와 네트워크의 주재자 역할을 하는 것이다. 상품을 어떤 방식으로 생산하는가에 대해서는 별로 특별한 점이 없지만, 주문에서부터 납품까지의 전 프로세스를 촉진하는 정보와 기술을 잘 활용하는 것이 리앤펑의 경쟁력이다.

〈Limited Mass Customization(Web Page Sample)〉

Sorce : Company documents

1997년 B2B 웹 사이트가 나타나기 시작할 때쯤 사람들은 리앤펑
이 중개인의 위치를 잃어버리는 것이 아닌가 생각했다. 하지만 리앤
펑은 인터넷이 위협요인으로 작용하기보다는 고부가가치 서비스를
제공하고 고객과의 의사소통을 더욱 원활하게 할 수 있는 의사소통
도구로 작용하며 리앤펑의 역할을 더욱 강화시켜줄 것이라고 생각했
다. 즉, 리앤펑은 IT기술의 발전으로 위협적인 요소가 등장했다는
부정적인 생각보다는 IT기술로 공급망을 더욱 효율적으로 관리할 수
있다는 긍정적인 자세로 IT기술의 발전을 한껏 활용했다.
　리앤펑이 위협을 없애고 기존의 것만 고수하자는 생각을 가졌더라면 지금의 리앤펑은 존재하지 않았을 것이다. 하지만 위협적인 요소였던 B2B 웹사이트를 만들어낸 IT기술의 장점인 신속성과 의사소통의 원활함 등을 취함으로써 더욱 발전한 기업이 될 수 있었던 것이다.

이러한 생각을 바탕으로 리앤펑은 고도의 복합적인 인터넷 기반 시스템을 구축하여 고객과 의사소통을 했다. 특히, 대형 고객을 위해서 수출거래 시스템(XTS)이라는 엑스트라넷을 만들어 고객들이 온라인에서 제품 리스트를 검색하고 주문할 수 있도록 만들었다. 예를 들어 한 의류 제품이 생산 프로세스를 거치는 동안 고객은 전체 생산 프로세스를 추적하는 'Import Direct'를 이용하여 언제라도 자신들의 주문을 변경할 수 있게 했다. 옷감이 염색되기 전까지는 고객이 온라인에서 색상을 변경할 수 있고, 재단이 되기 전까지 사이즈나 디자인을 변경할 수 있으며, 옷감이 직조되기 전까지 주문 자체를 취소할 수도 있다. 이처럼 의사소통 속도가 빨라지면서 리앤펑은 고객의 니즈와 수정요구에 더 신속히 대응할 수 있게 되었다.

(3) 창조적 비전

● 오케스트라 같은 기업이 되겠다 – 네트워크 상생을 통한 경쟁력 높이기

리앤펑의 성공은 협력기업을 단순한 하청업체가 아닌 함께 성장하는 파트너로 인식했기 때문에 가능한 것이었다. 30/70 법칙을 통해서도 알 수 있듯, 리앤펑은 협력업체들이 자사에 지나치게 의존하기

보다는 스스로 역량을 키우고 기술수준을 향상시키는 것을 목표로 각종 인센티브를 제공했다. 이같이 네트워크의 상생을 추구하는 마인드는 리앤펑이 공급자사슬관리로 수익을 창출해내는 밑바탕이 되었다. 즉, 리앤펑의 '저자본 레버리지'라는 독특한 비즈니스 모델은 외부기업이 가지고 있는 역량을 조합해 고객가치를 창조해낸다는 창조적 비전이 있었기에 가능했던 것이다.

"오늘날 경쟁이란 기업 대 기업이 아니라 팀 대 팀, 즉 하나의 공급사슬과 다른 공급사슬 간의 경쟁을 의미합니다. 이때 중요한 것은 지휘자의 역할입니다. 리앤펑은 오케스트라 지휘자가 재능 있는 음악가들을 이끌어가는 것처럼, 강한 공급업자의 네트워크를 설계하고 이끌어가는 키잡이 역할을 하고 있습니다."

-리앤펑그룹 회장 빅터 펑(Fung, 64)

3. 결과

(1) 외적성장

2001년부터의 리앤펑의 영업이익을 나타낸 그래프를 보면 영업이익이 꾸준히 증가했음을 볼 수 있다. 이뿐만 아니라 리앤펑은 지난 92년부터 시작해서 꾸준히 매년 22% 이상의 영업이익 상승을 기록해왔다. 삼성전자와 비교해봤을 때, 리앤펑의 작년 매출액이 삼성전

〈영업이익〉

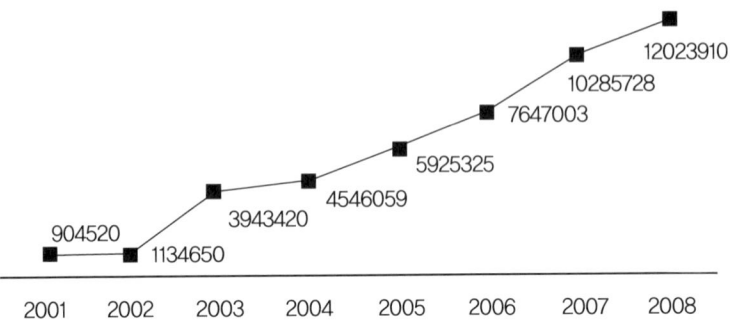

출처 : Li&Fung Annual Report

자의 4분의 1 수준밖에 되지 않는다고 생각하면 리앤펑이 별것 아니라고 생각할 수 있다. 하지만 리앤펑은 독특한 비즈니스모델로 지난해 비즈니스 위크에서 세계에서 가장 영향력 있는 회사 29개 중 하나로 선정되었고, 포브스에서는 아시아에서 가장 놀랄 만한 50개 기업 중 하나로 꼽혔다.

4 | 자동차

4.1 도요타

도요타(TOYOTA)는 미국 시장에서 저렴한 가격의 경차만을 수출하던 저가 이미지의
자동차 회사였다. 하지만 많은 사람들이 알고 있는 LEXUS라는 신화를 만들며 미국
BIG 3를 제치고 전 세계 1위의 자동차 기업이 된 기업이 바로 도요타이다.

2009년 현재 자동차 산업에서 가장 큰 이슈가 되고 있는 것이 하이브리드 자동차라
는 것에 이의를 제기하는 사람은 없을 것이다. 21세기 가장 큰 이슈가 '그린(green)'
이기 때문이다. 자동차 업계에서는 반가운 일이 아니었을 그린 열풍 속에서도 도요
타는 양산형 하이브리드 기술을 개발하여 업계 선두주자뿐 아니라 친환경 기업이라
는 긍정적 이미지까지 얻을 수 있는 기회로 활용했다.

PRIUS의 탄생으로 도요타는 LEXUS에 이은 또 하나의 신화를 창조했다. 모두가
'no'라고 할 때 'Yes'라고 말할 수 있었던 도요타의 천리안적 시각은 도요타의 이
미지 개선은 물론 도요타를 미래 자동차 산업의 선두주자로 만들어주었다. 이하에서
는 친환경 기업이라는 이미지를 갖게 된 도요타의 환경경영에 초점을 맞추고 사례
에 대한 분석을 하겠다.

1. 급변하는 환경

● 녹색성장 시대 도래

이전까지의 산업은 성장과 개발이 가장 큰 목적이었다. 그렇기 때문에 성장과 개발을 위해서 환경이 파괴되는 것은 어쩔 수 없는 일이라는 인식이 강했다. 성장을 하기 위해서는 탄소에너지의 사용이 필수 불가결한 것이기 때문이다. 하지만 90년대 이후부터 글로벌 기업의 중요한 요건으로 사회적 공헌이라는 개념이 생기기 시작했다.

뿐만 아니라 교토 의정서(국가별 이산화탄소 배출량의 규제를 명시한 국제조약) 체결과 화석에너지의 고갈로 에너지를 보다 효율적으로 사용해야 할 필요성이 더욱 커지게 되었다. 기업의 사회적 책임과 국제적인 이산화탄소 배출량의 규제와 같은 조약으로 인해 모든 산업에서 부각되는 키워드는 '그린(green)' 혹은 '환경'이 되었다. 더 이상 환경을 파괴하는 기업은 존립하기 어려운 시대가 온 것이다.

영국의 비영리 기관인 '탄소정보 공개 프로젝트(Carbon Disclosure Project)'는 세계 500대 기업의 탄소배출 성적을 공개하고 있다. 이렇게 공개된 정보를 55조 달러 이상 투자하는 세계 475여 개의 금융회사들이 투자 의사결정에 사용하고 있다. 이러한 점을 보면 친환경 녹색성장이 기업에 있어 얼마나 중요한 문제인가를 알 수 있다. 이제 에너지 다소비 기업은 에너지 절감을 위한 기술개발과 투자를 하지 않을 수 없는 상황이 된 것이다.

		CO(일산화탄소)	HC(탄화수소)	NOx(질소산화물)
일본	2000년 이전	2.1	0.25	0.25
	2000년 이후 (2005년 이후)	0.67	0.08	0.08(0.04)
유럽	2000년 이전	3.2	0.34	0.25
	2000~2004	2.3	0.2	0.15
	2005년 이후	1.0	0.1	0.08
한국	2001년 이후	2.11	0.16	0.25

자료 : Fourin, 「自動車調査月報」, 2001.10

● 보편화되고 있는 환경 친화적 소비의식 변화

20세기 초반의 지구촌 인류는 선·후진국을 막론하고 환경문제에 별다른 관심을 기울이지 않았다. 왜냐하면 당시 사회상황은 전쟁, 질병, 기아 등으로 점철되어 지구촌 인류는 생존문제를 해결하기에 급급했기 때문이다. 하지만 90년대에 들어서면서부터 소비자들은 자신의 소비생활에 환경문제를 본격적으로 고려하기 시작했다.

MaCann-Ericson and Harris 조사(Marketing Week January, 1992)에 따르면 사회적으로 해결되어야 할 최우선 과제는 환경(93%), 범죄(85%), 실업(81%), 경제(79%) 순으로 보고되었다. 환경이 93%나 차지할 정도로 소비자들의 환경의식 수준은 상당히 높아졌음을 알 수 있다. 이는 지구촌에 환경 친화적 소비자시대가 열렸다는 것을 의미하는 동시에 그린소비자주의(Green Consumerism)가 보편화되기 시작했다는 것을 의미한다.

사람들은 더 이상 자신들의 '삶의 질'을 물질적 풍요로 평가하는 것이 아니라 환경 척도인 자연적 풍요로 평가하게 되었으며 이는 필연적으로 환경보전과 보호의식의 확산으로 연결되었다. 또한 사람들

은 자기 후손들로 이어
지는 환경적 상속에 대
한 염려를 낳게 되고 그
결과 지금부터라도 환경
의 질적 개선을 위해 무
언가를 해야 한다는 의
무감을 갖게 된 것이다.

결과적으로 많은 소비자들은 환경 친화적인 제품을 구입해야 한다
는 데 나름대로의 가치와 의미를 부여하게 된 것이다. 이러한 가치관
형성은 심리적으로 전원생활로 되돌아가는 것을 의미하는 것일 뿐
아니라 그린제품의 구매자는 이기적이지 않으며 오히려 존경받을 만
하다는 가치부여를 사회가 하게 되었다는 것을 의미한다. 이러한 모
든 요소들의 작용으로 소비자들의 의식과 태도는 물론 실질적인 행
동의 변화가 시작된 것이다.

2. 환경대응

(1) 기회포착

● 환경문제로 인한 친환경 하이브리드 자동차 수요 예측

도요타는 누구보다 빨리 21세기 환경규제의 급속한 강화와 친환경
제품을 원하는 환경 친화적 소비자(Green consumer)의 증가를 미리 예

측했다. 이러한 상황에서 이전과 같은 개발방식은 더 이상 경쟁력이 없었기 때문에 마켓변화에 선제적 대응을 하며 그로 인한 경쟁력 확보에 초점을 맞추게 되었다. 선제적 대응은 향후 환경규제가 강화될 것을 고려할 때 이미 환경규제가 시작된 이후 보다 가능한 빠르게 대책을 마련하는 것이 비용을 최대한 절약하는 방법이라고 판단했기 때문이다. 이러한 상황 속에서 마켓변화에 대한 대처방안으로 나온 것이 바로 하이브리드 자동차의 양산화 기술 개발이다.

하이브리드 자동차는 일반 자동차에 비해 연비가 월등히 우수하며 에너지 효율이 높다. 이처럼 하이브리드 자동차는 친환경 제품이기 때문에 환경규제는 물론이고 소비자의 니즈 또한 만족시킬 수 있는 제품이다. 하지만 도요타를 제외한 그 어떤 기업도 친환경이라는 마켓변화에 대한 대응방안으로 이러한 막대한 비용이 드는 하이브리드 자동차 양산 기술개발을 선택하지 않았다. 당시 다른 기업들은 친환경에 대한 규제만을 생각했지 거기에 따른 기회를 포착하지 못했기 때문이다. 하지만 도요타는 달랐다. 모두가 위기라고 생각한 마켓변화를 기회로 활용한 것이다.

도요타가 하이브리드 기술을 기회로 생각했던 것은 우연이 아니다. 왜냐하면 도요타는 일찍부터 하이브리드 자동차에 관심을 갖고 있었기 때문이다. 1960년대부터 하이브리드 자동차를 개발하기 시작했고, 1977년 '스포츠800'이라는 하이브리드 자동차의 PROTOTYPE CONCEPT CAR를 공개했다. 이러한 것만 봐도 도요타가 얼마나 일찍부터 하이브리드 기술을 생각했는지 알 수 있다. 기존에 관심이 있던 하이브리드 자동차와 친환경 마켓의 성장 가능성에 대한 판단이 적절히 만났기 때문에 도요타의 세계 최초 양산형 하이브리드 자동차 개발계획이 시작된 것이다.

양산형 하이브리드 자동차 개발계획은 분명 위험요소가 큰 계획이었다. 당시에 90년대 초만 하더라도 환경에 대한 경각심이 지금처럼 높지 않았고, 마켓변화에 대한 예측도 너무 이른 감이 없지 않다. 전 세계가 도요타의 시장 예측이 잘못되었다고 이야기했으니 도요타 입장에서도 분명 도박적인 요소가 컸다고 할 수 있다. 하지만 성공만 하게 되면 전 세계 최초의 양산형 하이브리드 자동차 생산 기업이 되는 것이고, 업계표준이 될 수 있었다. 말 그대로 하이브리드 자동차 양산화 계획은 'High Risk, High Return'인 계획이었다.

(2) 혁신적 실행

- 경영의 최대 중요과제로 환경을 설정

- 하이브리드 자동차 PRIUS 생산

- 세계 표준 선점 전략

● 경영의 최대 중요과제로 환경을 설정

도요타가 환경에 대응한 태도를 보면 다른 기업들과 상당히 다른 모습인 것을 알 수 있다. 다른 기업들은 환경 변화를 위기로 인식하고 환경관련 투자금액을 최소화하기 위해 노력했다. 뿐만 아니라 환경에 관련된 투자를 늦출 수 있는 한 최대한 늦추려 했다. 도요타를 제외한 기업들은 환경에 대한 투자라는 생각보다는 환경 때문에 새

〈2010 도요타 글로벌 비전〉

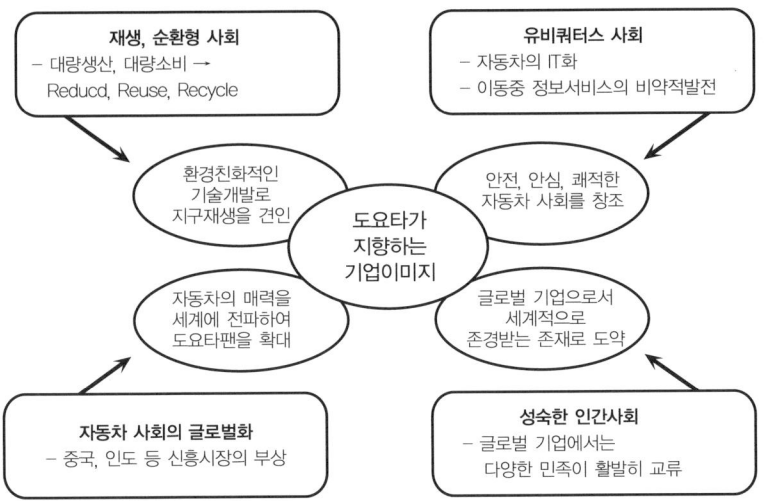

자료 : 도요타 홈페이지〈http://www.toyota.co.jp〉

로운 비용이 들어간다고 생각했기 때문이다. 하지만 도요타는 다른 기업과 다르게 환경에 대한 투자를 대대적으로 늘리고 환경보호를 위한 혁신적 개선을 실행하며 환경을 경영 최대 중요과제로 삼는다. 최대한 빠른 대책 마련이 비용을 최소로 만들 수 있는 방법이고, 장기적 시각으로 본다면 환경에 대한 투자가 늘어나면 그로 인한 손실보다 경제적 이익이 훨씬 클 것이라는 판단을 했기 때문이다.

이러한 이유로 도요타는 녹색성장에 발맞춰 21세기 지구사회의 4대 트렌드 중 하나로 재생, 순환형 사회를 설정하고, 기업 이미지를 '환경 친화적 기술로 지구 재생을 견인하는 기업'으로 책정했다. 자동차 산업은 환경오염의 주범인 자동차를 생산하는 산업이기 때문에 환경기술의 진전 없이는 미래가 없다고 판단한 것이다. 도요타가 친환경 기업을 경영 최대 과제로 삼은 또 하나의 이유는 바로 소비자들이 꼽은 기업의 사회적 책임에서 가장 중요하다고 생각하는 부분이 친환경이기 때문이기도 하다.

도요타의 판단으로 제일 먼저 생산에서 낭비되는 요인들을 제거했다. 낭비되는 요인을 제거해서 생산현장의 비용을 절감시키고 낭비되며 사용되었던 에너지를 절약할 수 있었기 때문에 도요타 입장에서 생산비용도 최소화시킬 수 있을 뿐 아니라 탄소에너지와 자원 낭비를 막음으로써 환경보호에도 이바지할 수 있었기 때문이다. 뿐만 아니라 도요타는 매립폐기물 제로 달성이나 리사이클을 배려한 설계, 생산 시 이산화탄소 배출 감축 등 여러 가지 요인을 복합적으로 친환경적으로 바꾸는 데 노력했다.

소비자에게 외면당하는 기업은 살아남을 수 없다는 것을 도요타는 너무도 잘 알고 있었다. 그랬기 때문에 자사의 생산에 관련된 환경대

〈환경중시 경영의 의미(단계별)〉

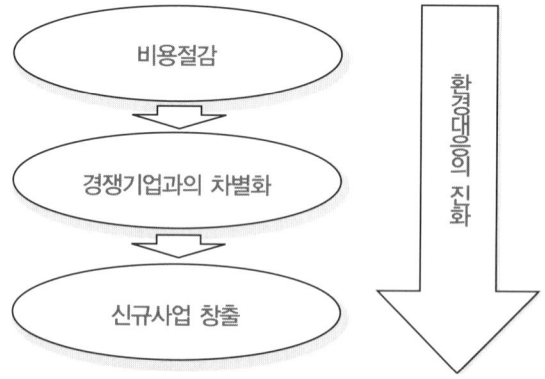

<도요타 코리아 사회공헌 환경부문>

프로그램	규모(누적금액)	시행시기
렉서스 환경학교	50,000,000원	2006. 4~
환경재단, '만분클럽' 가입	150,000,000원	2003. 12 - 2007. 3

자료 : 도요타 홈페이지<http://www.toyota.co.kr>

처방안은 물론이고 기업의 사회적 책임에 대해서도 많은 신경을 썼다. 특히 사회공헌 부분 중에 환경에 대한 부분을 가장 중요시하며 생산, 기술개발은 물론이고 사회적 공헌을 통해서도 환경 친화 기업이라는 이미지를 만들기 위해 노력했다.

● 양산형 하이브리드 자동차 PRIUS 개발

하지만 앞선 생산라인의 낭비요인 제거나 사회적 공언을 통한 환경대응 방안보다 실질적인 도요타의 핵심 환경대응방안은 바로 양산형 하이브리드 자동차 기술개발이라고 할 수 있다.

도요타는 93년 9월 21세기 도요타가 갖추어야 할 조건을 연구하기 위해 G21을 발족한다. 일명 꿈의 프로젝트라고도 불렸던 G21에서는 지금 우리가 이용하는 자동차의 장점을 모두 갖고 있으면서 에너지 효율은 높은, 환경을 배려한 친환경 자동차를 만드는 것이 목표였다. G21에서는 고심 끝에 자신들의 목표에 가장 부합하는 자동차는 하이브리드 자동차라고 판단했다. 그리하여 도요타는 21세기에도 경쟁

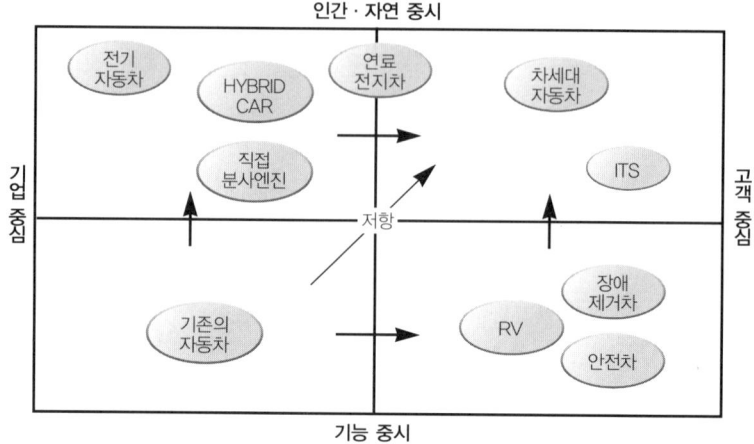

자료 : 미쓰비시 총합 연구소

력을 갖기 위해 하이브리드 양산화 기술개발을 시작하게 된 것이다.

하지만 도요타가 선택한 하이브리드 양산화 기술은 업계 최초의 기술이었기 때문에 적자를 각오하지 않을 수 없었다. 이처럼 적자를 각오하고도 도요타가 하이브리드 양산화 기술을 개발할 수 있었던 데에는 미래예측에 대한 확신감도 물론 있었겠지만 도요타의 기술력과 자금이 결집되지 않았다면 실행 불가능한 일이었을 것이다.

PRIUS 개발의 주역이었던 우치야마다 수석 엔지니어조차 하이브리드 자동차의 양산화 기술개발이 비용과 기술면에서 승산이 없다고 판단하여 PRIUS 개발을 반대할 정도로 하이브리드 자동차 양산화 프로젝트는 위험 부담이 컸던 프로젝트였다. 하지만 높은 리스크가 있는 만큼 성공했을 때의 이익이 매우 컸기 때문에 도요타 입장에서 자신의 기술력과 확신감이 없었다면 실행하지 못할 만한 매우 도박적인 프로젝트였다고 할 수 있다.

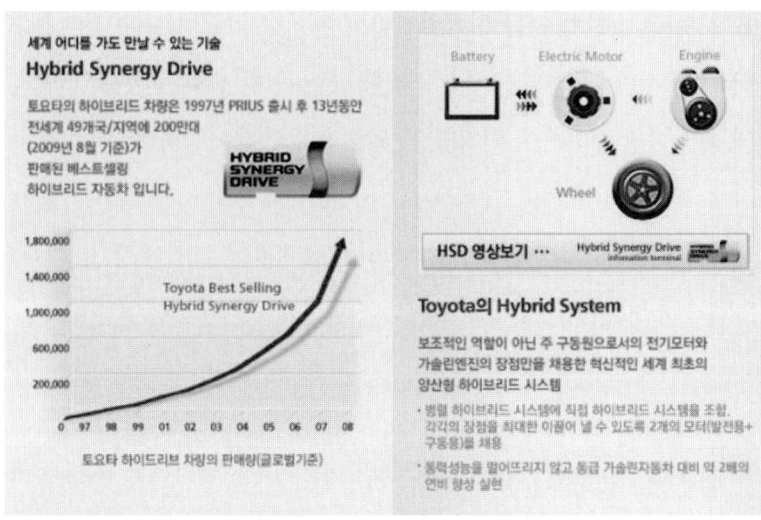

자료 : 도요타 홈페이지〈http://www.toyota.co.kr〉

　이러한 거대 프로젝트를 도요타는 불과 3년이 되지 않던 시간에 기술 개발을 마치고 97년 PRIUS 발매를 1여 년 앞선 96년 양산형 하이브리드 자동차 기술을 발표했다. 3년이 채 걸리지 않게 프로젝트를 마친 것이다. 이렇게 빠르게 프로젝트를 마칠 수 있었던 것은 '스피드 경영'을 내세운 오쿠다 히로시 회장이 사장으로 취임하며 다소 결함이 있더라도 하이브리드 자동차의 완성시기를 빨리 앞당기도록 지시했기 때문에 가능했던 것이다. 결국 1997년 세계 최초의 상업적 목적의 양산형 하이브리드 자동차 PRIUS가 출시되었다.

　1세대 PRIUS는 세계 최초의 양산형 하이브리드 자동차라는 호칭을 위해 약간의 결함에도 불구하고 빠르게 출시되었다. 하지만 이후 2003년 9월 PRIUS 2세대의 발매로 진정한 양산형 하이브리드 자동차의 대중화를 선언하게 된다. 기존의 발진 후 가속성이 떨어지는 단점을 보완하여 2000cc 급의 가솔린차와 동일한 가속 성능을 보유하게 되었다. 뿐만 아니라 연비도 리터당 28km였던 1세대의 PRIUS에 비해 20% 이상 개선하여 리터당 35.5km의 주행이 가능하게 되었다. 여기에 그치지 않고 PRIUS는 2009년 10월 3세대 PRIUS를 다시 한 번 세상에 내놓았다. 연비는 리터당 38km로 세계 최고의 연비를 자랑하며 사용자의 의견을 수렴해 더욱 완벽해진 자동차를 내놓은 것이다.

● 세계 표준 선점 전략

도요타가 선발매 후보완 전략으로 PRIUS의 완성시기를 앞당긴 이유는 업계에 있어서 표준을 장악하고자 했기 때문이다. 완벽하지 못하더라도 조기에 출시해서 세계 최초가 된다면 업계표준(de-facto standard)을 장악하기에 훨씬 유리한 위치가 되기 때문이었다.

이후 후발 주자로서 혼다와 스즈키도 하이브리드 자동차 산업에 뛰어들게 되었다. 이때 도요타는 새로운 2세대 PRIUS를 발매하며 차세대 동력원의 업계표준을 장악하려는 전략을 강화하기 시작한다. 경쟁자가 생겼기 때문이다.

이때부터 도요타는 표준경쟁에서 유리한 고지를 확보하기 위해 도요타의 하이브리드 기술을 응용한 응용제품의 확대를 도모할 뿐 아니라 전략적 제휴를 통해 자사의 기술을 널리 퍼뜨려 업계표준을 장악하기 위해 노력한다.

하이브리드 기술 응용제품의 확대를 통한 표준 선점은 중국을 통해 실행했다. 중국이라는 거대 시장에 자사 기술이 도입된다면 분명 업계표준을 장악하는 데 매우 유리할 수 있었다. 또한 급속한 경제발전과 함께 자동차가 급속도로 보급되고 있었기 때문에 도요타에게 있어서 중국은 아주 큰 유망 시장이 아닐 수 없었다. 게다가 중국정부 또한 도요타의 하이브리드 기술에 매우 높은 관심을 표명하고 있었다. 중국이 도요타의 하이브리드 기술에 관심을 갖는 것은 중국의 자동차 보급이 급속히 확대되면서 배기가스로 인한 환경문제에 대한 우려가 매우 컸기 때문이었다. 이러한 복합적인 이해관계가 얽히며 도요타는 중국의 정부산하 연구기관인 중국기차기술연구센터와 공동연구를 추진했다. 하이브리드 기술 등 저공해 기술의 도입을 위한 실증적인 연구 및 정책연구를 공동으로 추진했으며, 석유대체 에너지로 도요타의 하이브리드 기술을 이용한 연료전지에 대해서도 공동으로 연구를 했다. 이러한 공동 연구로 자사의 하이브리드 기술을 세계적으로 매우 큰 시장인 중국으로 확대해 하이브리드 자동차의 표준을 장악하고자 했다.

또한 자사의 하이브리드 기술을 다른 기업에게 기술 제휴해줌으로써 하이브리드 자동차 부문에서 업계표준 장악을 꾀했다. 자사의 기술이 들어간 제품이 많아질수록 자사의 기술이 업계표준에 가까워지기 때문이다. 뿐만 아니라 기술 제휴를 해줌으로써 생기는 수익으로 자사 제품의 비용도 절감할 수 있기 때문이다. 자사의 기술을 쓰는 제품이 많아지고 거기에 더해 하이브리드 자동차의 높은 가격이라는 최대 단점 또한 비용 절감으로 해결할 수 있었기 때문에 도요타에게는 일석이조 전략이었다. 이러한 기술 제휴의 대표적인 예로는 2006년 하이브리드 자동차의 양산을 선언한 후발 경쟁업체인 닛산에게 도요타의 하이브리드 시스템을 제휴해준 것을 들 수 있다.

(3) 창조적 비전

● 모두가 'No'라고 할 때 'Yes'라고 한 도요타의 천리안

처음 도요타가 양산형 하이브리드 자동차를 개발한다고 했을 때 전세계는 도요타의 판단이 잘못되었다고 생각했다. 당시엔 환경에 대한 경각심이 강하지 않았을 뿐 아니라 모두가 자동차의 성능과 편의성 향상에 투자를 하고 있었기 때문에 도요타의 하이브리드 기술 개발은 다른 기업들과 반대방향으로 향하는 잘못된 선택으로 보였던 것이다. 하지만 도요타는 다른 기업의 생각은 신경 쓰지 않고 적자를 무릅쓰고 막대한 자금을 들여가며 양산형 하이브리드 자동차의 개발을 강행했다.

PRIUS가 처음 출시된 이후에도 실험실적인 개념이었던 하이브리드 자동차가 상업적으로 성공하리라고 아무도 생각하지 못했다. 모두가 PRIUS를 상업적 목적의 양산형 하이브리드 자동차로 인식하기보다는 '친환경'을 내세운 콘셉트 차로 여겼기 때문이다.

다른 기업이 환경규제 관련 법안에 대해 불만을 표시하고 불평을 하고 있을 때 도요타는 불평하지 않았다. 오히려 그곳에서 기회를 찾았다. 모두가 도요타의 안목을 비판했지만 도요타의 안목은 10년 후면 미래를 바라보는 천리안이었던 것이다.

3. 결과

● 친환경 기업으로 도요타의 기업이미지 제고에 성공

결국 도요타의 천리안적 안목은 도요타가 친환경적 경영을 하도록 이끌었고 이것은 결국 도요타가 자동차 생산 기업임에도 불구하고 친환경 기업이라는 이미지를 가질 수 있게 해주었다.

친환경기업이라는 이미지가 없던 기존의 도요타는 세계 최대의 자동차 생산 기업 중 하나였기 때문에 다량의 배기가스를 방출시키는 반환경적 기업이라는 이미지가 강했다. 뿐만 아니라 기존의 도요타는 상술이 뛰어난 기업이라는 이미지가 강했다. 하지만 경영의 최대 목표를 환경으로 잡고 기업 이미지를 '환경 친화적 기술로 지구 재생을 견인하는 기업'으로 바꾸고자 노력하며 친환경 기술인 하이브리드 자동차 이외에도 매립폐기물 제로 달성이나 리사이클을 배려한 설계, 생산 시 이산화탄소 배출 감축 등 여러 가지 요인을 복합적으로 친환경적으로 바꾸고자 노력했다. 그 결과 도요타는 환경평가 등급에서 높은 평가를 획득할 수 있었고, 다른 경쟁기업과 차별화됨으로서 환경부문에서 명실공히 선도 기업이 되었다.

도요타는 이제 더 이상 상술이 뛰어난 기업으로 불리지 않는다. 이제는 인간, 환경, 기술을 외치는 친환경, 고기술의 도요타가 된 것이다. 이러한 기업이미지 제고는 단순한 이미지 제고에서 끝난 것이 아니었다. 기업에 끼친 실질적인 경제적 이익도 상당했다. 단순하게 환경투자에 의한 실직적인 경제효과만 보더라도 수십억 엔이 넘는 상황이다. 거기에 더해 기업의 이미지 향상이나 고객효과 등 산출하기 힘든 부분까지 생각한다면 환경투자로 인한 도요타의 이익은 수

십억 엔을 훨씬 넘는 상당한 액수인 것을 알 수 있다.

● PRIUS의 성공과 계속되는 발전으로 하이브리드 자동차 업계 선도

원조 PRIUS는 '친환경 자동차'를 만드는 '친환경적 기업'이라는 기업이미지 제고에 성공했다. 그 누구보다 빠른 친환경 자동차 생산으로 자동차 업계가 지향해야 할 미래자동차 시장이 무엇인지 알려준 선구자가 된 것이다. 비록 이런 성공을 거둔 PRIUS이지만 상업적 자동차임에도 불구하고 매출 면에서는 불충분한 반쪽짜리 성공을 거두었다.

하지만 비약적인 개선을 한 2세대 PRIUS는 판매 면에서도 기대 이상의 성적을 거두며 진정한 의미의 상업적 양산형 하이브리드 자동차가 완성되었다. 신차를 구매할 때 기다리는 시간이 길다는 이유로 중고차 가격이 신차 가격보다 높아지는 기현상이 발생할 정도로 2세대 PRIUS는 매출과 더욱 나아진 성능을 갖춘 보다 완벽해진 모습으로 출시되었다.

도요타는 2세대 PRIUS를 통한 성공에 만족하지 않고 더욱 발전한 3세대 PRIUS를 얼마전 발표했다. 3세대 PRIUS는 앞서 언급한 연비개선은 물론이고, 태양전지를 이용한 한여름 땡볕 아래 주차해놓은 자동차 실내온도를 자동으로 쿨링해주는 시스템까지 갖춤으로써 보다 Userfriendly한 제품으로 한층 업그레이드되었다. 이처럼 도요타는 PRIUS를 통한 성공은 물론이고 경쟁업체의 제품보다 항상 앞선 제품으로 소비자에게 다가가기 위해 발전을 멈추지 않았다. 이제는 SUV는 물론 LEXUS와 같은 고급 브랜드에도 자사의 하이브리드 기술을 도입한 제품을 출시하며 '하이브리드 시너지 드라이브'를 선보였다.

이처럼 하이브리드 자동차가 성공하고 계속해서 발전할 수 있었던 이유는 고유가의 지속과 지구온난화 방지가 주요 이슈로 작용했기 때문이다. 이러한 시대적 요구에 가장 적합한 자동차가 하이브리드 자동차였기 때문에 가능했던 것이다. 도요타의 성공을 본 경쟁업체들은 뒤늦게 도요타를 따라가기 위해 하이브리드 기술개발에 박차를 가하기 시작했다. 이런 후발 주자들에게 기술제휴를 하고 자사의 하이브리드 기술을 응용한 제품들 개발로 도요타의 하이브리드 기술은 업계표준이라고 할 수 있는 상황을 만들었다.

도요타는 기술표준뿐만 아니라 소비자의 판단기준마저 새롭게 만들어냈다. 세계 최초의 양산형 하이브리드 자동차 생산으로 도요타는 자동차 시장의 새로운 표준을 만들어냈고, 소비자들에게는 고연비와 친환경이라는 새로운 판단기준을 가질 수 있는 계기를 만들어준 것이 그것이다. 이러한 도요타의 선도로 21세기 현재 자동차 시장의 가치는 경쟁적으로 럭셔리 자동차를 개발하던 시장을 대신해서 친환경 고연비의 하이브리드 자동차 시장으로 그 가치가 변화되었다.

4.2 타타자동차

2006~2007 회계연도 기준 인도 GDP의 약 3%에 해당하는 219억 달러의 매출을 기록하면서 14년 동안 평균 성장률 약 15%를 기록하고 있는 기업은 바로 타타(Tata)그룹이다. 7개 사업 분야의 96개 계열사를 보유한 타타그룹은 인도 내에서 가장 존경받는 기업으로 자리매김하며 글로벌화를 통해 54개국 이상에서 영업을 하며 제2의 성장을 급격히 이루어나가고 있다. 타타그룹은 아시아권에서 1위 IT서비스 회사인 TCS와 철강 분야에서 세계 최고의 경쟁력을 보유한 타타스틸을 가지고 있는데, 그 중에서도 타타모터스는 2006~2007 회계연도 기준 총 72억 달러, 전체 그룹 매출의 30% 이상을 기록하며 핵심 회사로 성장하고 있다. 현재 타타모터스(Tata Motors)는 인도 최대의 자동차 회사로서, 인도 상용차 부문에서 1위를 달리고 있고, 세계 5위의 상용차 기업으로 성장에 박차를 가하고 있다.

1. 급변하는 환경

(1) 1991년 경제개혁과 인도의 급격한 성장

인도는 1947년 영국에서 독립한 이후 대내 지향적인 자립 경제체제를 기본으로 했다. 식민지 기간에 서구 열강들의 수탈을 겪은 이후, 간디의 주장으로 자급자족 경제체제를 채택했던 것이다. 독립 후 40년간 지속된 인도 경제개발계획의 근간이었던 마할라노비 모델(The

Maahalanobis Model) 또한 구소련 모델을 답습하여 서구식 자본주의와는 큰 거리가 있었다. 이처럼 뿌리 깊은 사회주의 모델에 영향을 받은 인도 국민들은 자연히 외국 자본에 대해 보수적이고 폐쇄적인 경향을 보였다.

이때, 인도 정부가 국가 자원을 부적절하게 동원하고 무계획적으로 공공 지출을 일삼고, 선심성 대중주의적 보조금을 남발함에 따라 인도는 국가적 재정위기를 맞게 되었다. 설상가상으로 1990년에 갑자기 외환위기가 몰아닥쳐 경제성장이 둔화되었다. 1991년에 집권한 라오 정부는 이에 대응하여 인도 독립 이후 50년간 지속되었던 자급자족적 · 폐쇄적 경제체제에서 벗어나, 개방지향적 무역과 외환정책을 도입하고 산업규제를 완화하여 진입장벽을 제거하고 외국인 자본유치를 하는 등 경제자유화를 위한 개혁 조치를 단행했다.

그 결과 인도경제가 세계경제로 통합되며 시장 주도적 자본주의로 변화하는 동안, GDP는 약 3배, 1인당 GDP는 약 2.5배 증가하는 등

〈인도의 경제성장률〉

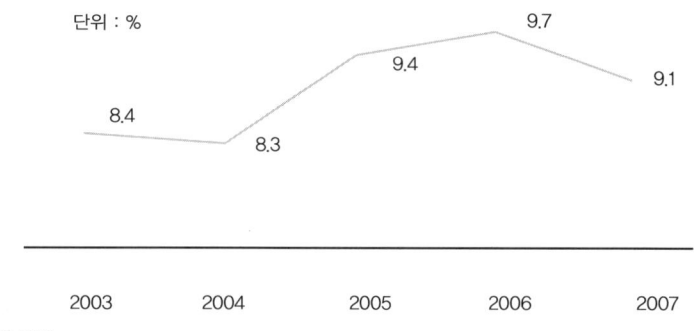

단위 : %

8.4   8.3   9.4   9.7   9.1

2003   2004   2005   2006   2007

자료 : IMF

괄목할 만한 성장을 했다. 특히 2003년부터는 매년 8%를 넘는 높은 경제성장률을 달성하면서 세계의 주목을 받고 있다.

2. 환경대응

(1) 기회포착

1991년 경제개혁 이전까지, 경기침체와 인도 정부의 사회주의적 정책은 기업들 성장의 걸림돌로 작용했다. 타타그룹 또한 장기간의 침체에 큰 영향을 받았고, 계열사들도 독립 기업처럼 운영되며 사분오열되는 상황에 직면해 있었다. 하지만 라탄 타타 현 회장이 경영권

〈인도기업의 글로벌 M&A 추이〉

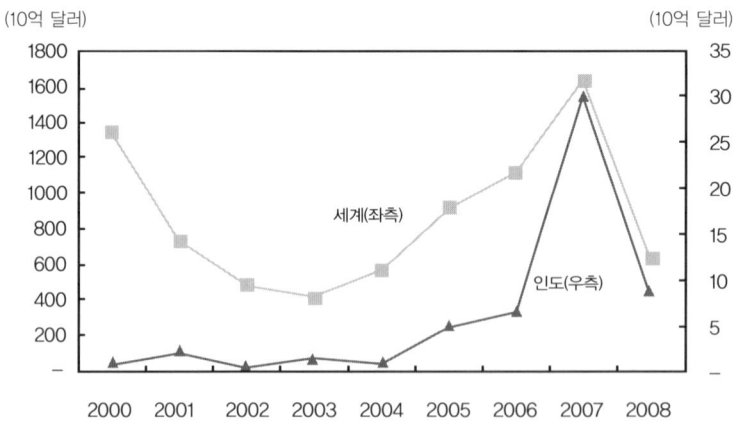

주 : 2008년은 상반기 자료
자료 : UNCTAD (2008). World Investment Report

을 승계하면서 타타그룹은 세계 3위의 국제경쟁력을 갖춘 기업을 목표로 성장하기 시작했고, 현재는 끊임없는 이슈를 통해 세계의 주목을 받는 기업으로 도약하고 있다. 과연 타타그룹은 무엇을 통해 이러한 성장을 이끌었는가.

● 인도 경제의 지속적 성장으로 투자 분위기 조성

인도 경제는 2003년부터 연평균 8%가 넘는 경제성장률을 기록하며 급격한 성장을 이룩해냈다. 이에 따른 주식시장의 활황은 해외자금 유입을 활발하게 만들었고, 투자자금 확보가 용이해지자 자금력이 풍부해졌다. 특히 2005년부터 인도 내 기업들의 글로벌 M&A는 급격히 증가했다.

이러한 상황에서 타타그룹은 M&A를 글로벌기업으로 성장하기 위한 전략으로 간주하고, 2000년 세계 2위의 영국 차 판매업체 '테틀리티'를 '타타티(Tata Tea)'에 매각하는 것을 시작으로 엄청난 규모의 해외 투자들을 추진시켜나갔다.

● 자동차 시장의 성장과 인도 국민 현실에 집중

소득수준 향상과 밀접한 관계를 가지고 있는 자동차 시장규모는 인도 경제의 급격한 성장 추세에 부응하여, 2003년 65만 대에서 2005년 92만 대로 증가하여 50%에 가까운 급격한 성장세를 보이고 있다. 2007년 기준 인구 1000명당 승용차 보유대수가 겨우 7대이므로, 세계 평균치인 120대에 이르기까지 1.2억 대의 승용차가 더 필요하다는 분석 또한 인도 자동차 시장의 잠재 성장성을 시사하고 있다. 타타그룹은 이와 같은 지속적인 경제성장 흐름에서, 오토바이를 타고 다니는 인도 중산층들이 자동차를 타고 다니는 꿈을 이룰 수 있도록 해야겠다는 생각을 하기 시작했다.

(2) 혁신적 실행

- 철저한 구조조정과 그룹 내 결속력 강화
- 엄청난 규모의 M&A 추진으로 글로벌 경쟁력 강화
- 기존 시장의 인식을 뒤집고 이머징 마켓의 잠재수요 발견

① 철저한 구조조정과 그룹 내 결속력 강화

1991년 라탄 타타 회장은 경영권을 승계한 이후, 타타그룹을 위기에서 구해내기 위해 직원 7만 8,000명 중 4만 명을 해고하며 철저하다 못해 처절한 구조조정을 단행했다. 선택과 집중을 강조하며 그룹 내 자회사들을 '세계 3위 진입 가능 여부', '글로벌 경쟁력', '수익 창출 능력' 등의 엄격한 기준으로 평가한 결과, 화장품과 의약품과 같은 비핵심사업과 섬유와 시멘트 같은 경쟁 과다 산업을 퇴출한 것이다. 14개 사업군을 7개 핵심사업군으로 재편하는 과정에서, 철강과 자동차와 같은 중요 사업들은 경쟁력을 강화시켜 글로벌 기업으로 성장할 수 있도록 비용 절감과 효율성 증대를 추진했다. 그 결과, 타타모터스는 2006~2007 회계연도 기준 72억 달러를 기록, 타타그룹 매출의 30% 이상을 책임지며 성장을 이끌고 있다.

또한 라탄 회장은 분열된 그룹사들의 결속력을 강화시키기 위해

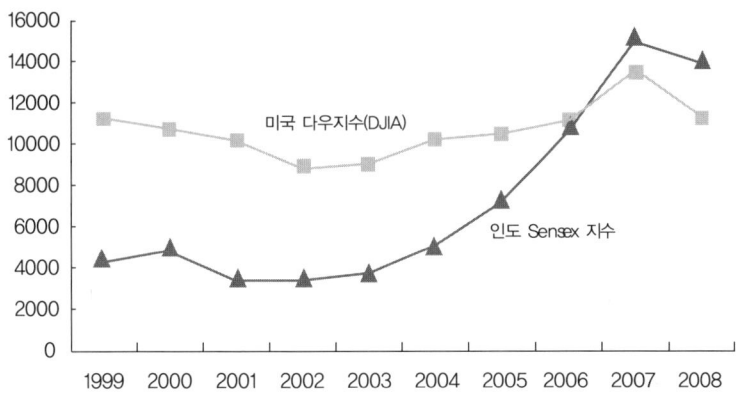

〈뭄바이 주식시장의 Sensex 지수 추이〉

미국 다우지수(DJIA)

인도 Sensex 지수

자료 : Thomson Reufers. Datastream.

직접 핵심 그룹사들의 회장직을 맡고 '타타' 브랜드로 그룹사들의
이미지를 통합시켜 공통의 가치를 공유하며 시너지 효과를 극대화했
다. Integrity(성실과 정직), Understanding(이해), Exceleence(우수함),
Unity(통합), Responsibility(책임), 이상의 5개 핵심가치와 엄격한 윤리기
준을 바탕으로 한 타타의 고유한 기업문화는 경쟁 우위 요인으로 작
용하여 타타가 성장을 추구하는 데 중요한 자산으로 작용했다.

② 엄청난 규모의 M&A 추진으로 글로벌 경쟁력 강화
　타타 그룹은 8~9%대의 높은 경제성장률과 주식시장 활성화, 기업
가치 고평가로 인해 풍부한 자본조달이 가능했다. 외부상황뿐만 아
니라 내부적으로도 빠른 의사결정이 가능한 인도 기업 특유의 특징
과 해외 유동성으로 M&A를 추진하는 데 강점을 보였다.

● **문화적 기반의 M&A 역량 보유**

인도는 과거 영국의 식민지 국가로서, 1947년 독립 이후에도 영국 연방회원국으로서 영국과의 유대관계를 지속하며 서구와 비슷한 경제·사회 제도를 형성하고 자본주의를 받아들였다. 특히, 11억 인구를 보유한 인도는 초·중·고·대학교 교육의 80% 이상을 영어로 진행할 만큼 영어 사용인구가 가장 많은 나라이기 때문에, 문화를 형성하는 데 있어 중요한 역할을 하는 언어 문제에서 자연스레 강점을 지니게 되었다. 또한 영국과의 지속적인 유대관계 속에서 인도의 엘리트 계층이 식민지 시대부터 해외로 유학을 가거나 해외에서 취업을 하는 전통이 있기 때문에, 인도 기업의 대다수 경영진들은 해외에서의 비즈니스 경험을 통해 서구문화에 대한 이해도가 높은 편이다. 이에 따라 상대방 문화에 대한 높은 이해도와 원활한 의사소통을 무기로 피인수기업 경영진과 협상 및 인수 과정에서 효과적으로 대응할 수 있는 요인을 확보하게 되었다.

● **고유의 M&A 전략 실행**

타타는 M&A 관련 최고의사결정 기구 구성원 9명 중 5명을 재무회계 분야 전문가들로 구성하여 재무적 기반을 중심으로 인수합병을 추진해나갔다. 다른 기업을 인수할 때 대상 기업의 주식이나 자산 매입에 소요되는 자금의 대부분을 외부로부터 타인자본으로 차입하여 인수하는 차입매수방법인 LBO(Leveraged Buyout) 인수방식을 채택하면서도, 경영상의 안정성을 확보하도록 노력한 것이다.

또한, 글로벌 M&A 시장에서 보아뱀으로 불릴 정도로, 타타는 자신보다 규모가 큰 기업을 인수하며 이슈를 만들어냈다. '나노' 등 저가 소형차를 생산하는 회사가 영국의 세계적 자동차 브랜드 재규어와 랜드로버를 인수한다는 것은 무모한 시도로 생각될 수 있지만, 타타는 2008년 23억 달러에 재규어와 랜드로버를 인수해서 다시 한 번 글로벌화의 의지를 표명했다. 이는 그룹 차원에서 2000년부터 활발히 M&A를 추진하여 축적된 노하우가 있었기 때문에도 가능했지만, 인도 기업 특유의 특징도 큰 몫을 했다. 인도 기업은 인수합병 이후에 대부분의 선진기업처럼 비용 절감에 치중하지 않고, 선진기업의 기술력 및 브랜드를 확보하여 내수 및 해외시장에서 성장하는 것을 중시하기 때문이다. 타타 또한 이와 같은 사고방식을 바탕으로 피인수기업의 자율권 및 고용을 보장하는 점진적 통합방식을 통해 인수합병에 대한 반감을 줄이고 핵심인력이 유출되는 것을 방지했다. 타타모터스는 2008년 재규어와 랜드로버 인수 후에 영국에 있는 재규어와 랜드로버의 조립라인을 유지하고 2011년까지 기존 생산계획을 수정하지 않고 기존 임원진의 고용승계 또한 100% 보장했다. 저가 소형차 메이커에 불과한 타타모터스가 유명브랜드인 재규어와 랜드로버의 새 주인이 될 수 있었던 것은, 타타의 피인수기업 고용보장 원칙이 노조의 큰 신뢰를 받았기 때문인 것이다.

이와 같은 타타의 노력은 성공적인 글로벌 M&A는 풍부한 자금력으로만 이루어지는 것이 아니라, 인수 전후 모든 과정에 대한 치밀한 사전준비와 노력으로 가능하다는 것을 시사하고 있다.

● 글로벌 M&A 전략으로 그룹 성장 가속화

인도 경제가 빠르게 성장하고 있지만 아직 인도 내에서는 대규모 시설 투자에 적합한 물리적 인프라를 확보하기가 어렵고, 글로벌 경쟁력을 충분히 강화하지 못하는 등 한계점이 많다. 이러한 상황에서 내부역량 개발만으로 인도 시장에서 성장하는 데는 자연히 한계가 있을 수밖에 없다. 강력한 구조조정으로 타타의 성장이 시작되었지만, 제2의 성장 동력이 필요하게 된 것이다. 이에 따라 타타는 적극적인 대규모 M&A를 통해 선진 고급 기술과 우수 브랜드를 확보하고 세계 고객에게 다가갈 전략을 펼쳤다. 예를 들어, 2004년에는 지분 100%를 출자하여 한국 제2위의 트럭 제조사인 대우상용차를 인수함으로써 기존에 대우가 보유하고 있던 국제 네트워크를 이용해 타타의 네트워크를 확장하고 더욱 수익성을 높였으며, 타타가 보유하지 않은 트럭이라는 제품을 보유하게 됨으로써 새로운 수익원을 창출해나갔다. 이와 같이 후발 기업으로써 자신의 위치를 정확히 파악하고 그에 맞게 선진기업을 대상으로 한 적극적 M&A를 펼침으로써, 타타는 단기간에 규모의 경제를 실현하고 기술력과 리딩 브랜드를 갖춘 기업으로서 세계시장에 접근하며 세계적 경쟁력을 갖춘 기업으로 도약하게 되었다.

③ 기존 시장의 인식을 뒤집고 이머징 마켓의 잠재수요 발견

타타모터스는 인도 최초로 인도 고유의 기술로 승용차 개발을 성공시켜 인도 제조업이 세계무대에서 경쟁할 수 있다는 것을 보여주겠다는 의지로 1998년에 인디카(Indica)를 출시했지만, 형편없는 품질로 외부의 비웃음만 샀다. 하지만 경쟁 상대인 중국 업체들이 외국의 자동차를 베끼는 동안, 기술을 개발하고 축적했다는 자부심을 가지고 더욱 엄격히 품질관리를 실시하며 성장해나갔다.

● 인도 서민들의 꿈을 실현시킬 저가차 개발

인도에서는 자전거나 오토바이 한 대에 가족 4명이 타고 가는 풍경을 흔히 볼 수 있다. 이는 매우 위험하지만 서민들의 이동 수단은 자전거나 오토바이밖에 없기 때문에 어쩔 수 없는 현실이다. 라탄 회장은 그러한 모습을 보면서 인도 국민들에게 안전하고도 저렴한 교통수단을 제공해야겠다는 생각을 했고, 2003년에 10만 루피 상당의 초저가차를 만들겠다고 발표했다. 이는 현재 세계에서 가장 싼 자동차라고 알려진 중국의 'QQ3Y 체리'와 인도의 '마루티 800'(약 2lakh, 480만 원)의 약 절반에 불과한 가격이다. 당시는 철광석 등 원자재 가격이 치솟는 상황이었기 때문에, 10만 루피 상당의 초저가차를 생산하고 판매한다는 자체가 불가능하다고 여겨졌다. 인도의 오토바이 가격은 최저 1만 7,800 루피에서 9만 1,000 루피 수준이므로 불가능하다고 여겨지

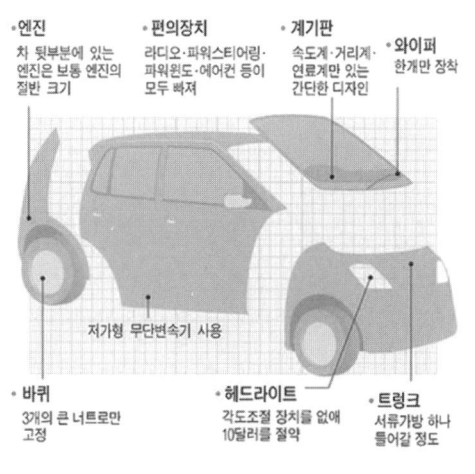

〈타타나노, 어떻게 만들었나〉

• 엔진
차 뒷부분에 있는 엔진은 보통 엔진의 절반 크기

• 편의장치
라디오·파워스티어링·파워윈도·에어컨 등이 모두 빠져

• 계기판
속도계·거리계·연료계만 있는 간단한 디자인

• 와이퍼
한개만 장착

저가형 무단변속기 사용

• 바퀴
3개의 큰 너트로만 고정

• 헤드라이트
각도조절 장치를 없애 10달러를 절약

• 트렁크
서류가방 하나 들어갈 정도

자료 : 「중앙일보」 2009년 3월 24일자

는 게 당연했다.

하지만 이때부터 500여 명의 연구진이 '타타 나노'를 개발하기 시작하여 전체 길이 3.1m, 폭 1.5m, 높이 1.6m의 초소형차를 만들어 냈다. 비용을 절감하기 위해서 무거운 금속제 부품 사용을 최소화하고 플라스틱으로 대체했으며, 창문 자동개폐장치 등 편의장치를 생략하고 인도의 값싼 생산 비용을 이용해 세계 최저가 자동차를 만들어낸 것이다.

세계 최저가 차량을 인도인의 기술로 인도회사가 개발한 점은 인도 국민들로 하여금 자부심을 느끼게 했고, '타타 나노'가 국민차로서 엄청난 관심과 환호를 받는 데 기여했다. 이는 언제나 국가와 국민들을 향한 그룹의 역사와 경영철학으로 이미 인도에서 가장 존경받는 기업으로 인정받고 있는 타타그룹의 입지를 더욱 확고히 해줄 것이다.

● 저가차 개발로 새로운 segmentation 창출

기존 자동차 시장에서는 초저가차 생산에 회의적인 반응이 대부분이었다. 하지만 타타모터스가 '타타 나노'를 출시함으로써, 2012년까지 인도와 아시아 일부지역, 남미 등 신흥시장을 중심으로 저가차 자동차 시장이 급성장할 것으로 예상되고 있다. 금융위기로 선진시장 수요는 위축되는 반면 신흥시장 수요는 점차 늘어나는 자동차 시장 구조의 변화 흐름에서, 세계시장에 저가차 바람이 불게 된 것이다. 신흥시장에서 저가차가 차지하는 비중은 2004년에는 8%에 불과했지만 지난해에 11%로 늘었고 2012년에는 14%로 성장할 전망이다. 이에 따라 도요타, 혼다, 닛산 등 일본 기업들도 6,000달러에서 1만 달러 사이의 저가차를 내놓을 예정이고, GM, 포드, 폭스바겐 등도 2010년을 목표로 저가차량을 출시할 계획이다.

이처럼 타타모터스는 기존 시장의 인식을 뒤집고 이머징 마켓의 잠재수요를 발견해서 기존 자동차시장에 큰 변화를 일으키고 있다. 하지만 이에 그치지 않고, 영국 자동차 재규어와 랜드로버를 인수함으로써 저가차에서 프리미엄 자동차까지 생산라인을 다양화하여 글로벌 브랜드로 성장하는 것을 시도하고 있다.

(3) 창조적 비전

타타모터스는 인도 국민 경제에 보탬이 되고 존경받는 최대 자동차 기업으로써, 글로벌 경쟁력을 갖추어 지속적인 성장을 하기 위해 다음 계획들을 세우고 실현해나갔다.

- 고유의 핵심가치와 윤리기준을 바탕으로 한 기업문화를 경쟁 우위 요인으로 창출한다.
- 적극적인 M&A를 통해 세계적 경쟁력을 내재화하여 글로벌 기업으로 도약한다.
- 인도 중산층에게 자동차를 가질 수 있도록 꿈을 실현시킨다.

3. 결과

(1) 기업의 외적성장

현재 인도는 중국과 함께 엄청난 성장가능성을 가진 자동차 시장을 보유하고 있다. 이러한 상황에서 타타모터스는 적극적인 M&A와 꾸준한 신차 개발 등 공격적인 경영으로 지속적으로 성장해왔다. 특히 경쟁 상대인 중국이 단순히 카피판을 만들어내는 것과 달리 타타모터스는 다양한 조인트벤처를 통해 독자모델을 개발하여 기술을 축적하고 국민들의 자긍심까지 확고히 하며 인도 최대의 자동차 회사로 성장하고 있다. 이에 더해 새롭게 인수한 재규어와 랜드로버를 통해 유럽시장까지 공략함으로써 무한한 성장이 예상되고 있다.

향후 인도는 실질소득 증가로 인한 구매 계층 확대, 도로망 개선, 대중교통수단 부족, 정부의 육성책 등으로 중국에 이어 세계 최대의 자동차 시장이 될 전망이다. 이에 따라 2007년 『포춘』지가 선정한 영향력 있는 경제계 거물 25인에 선정된 라탄 타타가 이끄는 타타모터스는 단순히 '가장 싼 차를 만드는 후진국 기업의 작은 브랜드'가 아니라 '무한한 성장 가능성을 가진 다크호스'로서 더 밝은 내일을 기대할 만하다.

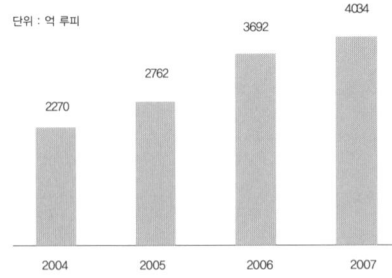

〈타타자동차 실적〉

단위 : 억 루피

		3692	4034
	2762		
2270			
2004	2005	2006	2007

자료 : 타타자동차

(2) 인도 내 가장 존경받는 기업으로 성장

인도는 아직도 국민소득이 1,000달러가 되지 않는 가난한 나라에 속한다. 이러한 나라에서 기업이 사회적 책임을 다하는 것은 기업의 존재까지 위협에 빠뜨리게 할지도 모른다. 하지만 타타그룹은 기업의 사회적 책임을 가장 앞장서 실천하고 있는 가장 대표적인 기업에 속한다. 타타는 '사회로부터 얻은 것은 사회로'라는 사시(社是)하에 기업 이윤의 60%는 반드시 사회에 환원하는 것을 실천하고 있다. 이는 타타와 그룹 서열 1위를 다투고 있는 릴라이언스가 사회적 책임을 소홀히 해서 비난을 사는 것과 극히 대조적인 모습이다. 이를 통해 '인도 정치에 간디가 있다면 경제에는 타타가 있다'는 말이 나올 정도로 타타는 전 인도인의 존경을 받는 기업으로 성장했다.

특히, 타타모터스는 인도 고유의 기술로 승용차 개발을 성공시켜 인도인들에게 자긍심을 불러일으켰고, 위험한 이동수단을 이용하는 국민을 위해 안전하고 저렴한 초소형 저가차를 만들어내 국민들의 환호를 받았다. '타타 나노'의 바디패널을 시골의 중소업체들에게 키트형태로 오토바이와 비슷한 저렴한 가격에 판매 조립하게 하여 보통 사람들이 만드는 보통 사람들을 위한 차(people's car)를 만듦으로써, 인도 국민들의 꿈을 실현시켜주었기 때문이다. 이처럼 국가와 국민을 향하는 타타는, 타타 나노가 국민차로 거듭나고 타타그룹이 인도인이 가장 자랑하는 민족 기업으로 거듭나게 한 원동력이 되고 있다.

5 | 산업재

5.1 GE

GE(General Electrics)는 잭 웰치 회장의 퇴임 후 미국 경제 장기 침체, 9·11사태 등 퍼펙트 스톰의 위기에도 불구하고 신흥국 경제성장과 환경문제 대두라는 경영환경 트렌드 변화에 민첩하게 대응하여 GDP 성장률의 2~3배에 달하는 성장률(8%)을 이룬 성공 사례다. 이는 중국, 인도, 중동 등 새롭게 부상하는 신흥국가에 주목하여, 신흥국에서 인프라에 대한 수요가 지속적으로 증가할 것이라는 변화를 포착한 결과다. GE는 '인프라 사업부'를 중심으로 여러 사업부를 통합하여 사업포트폴리오를 재정비했고, 인프라 사업과 전사적 친환경 전략인 '에코매지네이션'과 연계해 환경사업을 GE의 새로운 성장동력으로 삼았다.

GE가 새로운 시장과 새로운 사업 진출에 앞서 외부 환경변화에서 기회를 포착하기 위해 어떠한 노력을 기울였으며, 지구온난화 등 환경문제를 주어진 결과가 아닌 '비즈니스 기회'로 활용하기 위해 어떻게 대응했는지에 초점을 맞춰 성장사례를 분석해보자.

1. 급변하는 환경

(1) 신흥국 경제성장 → 인프라 사업 부문의 수요 및 민간기업 참여 증가

90년대 후반과 2000년대 초 동안, 신흥시장의 성장세가 두드러지면서 과거에는 정치, 경제, 사회적으로 후진국이었던 국가들이 풍부한 자원과 인구를 바탕삼아 '경제제일주의'를 기치로 내걸고 세계시장에서 새로운 세력으로 떠오르고 있었다.

신흥국의 경제가 성장하면서 보다 나은 일자리와 생활을 위해 농촌인구가 도시로 급격히 유입되었으며 이들에게 최소한의 주택, 상하수도, 전기 및 도로 등을 제공하기 위한 인프라 사업에 대한 수요가 급증했다. 특히 인구가 많은 아시아 지역과 남미 지역에서의 도시화 현상이 가속화되었다. 중국의 경우 도시인구가 2005년 5억 3,000명에서 2020년에는 9억 7,000명으로 증가할 것으로 전망된다. 하지만 세계 인구의 25%에 달하는 16억 명이 전기 공급의 혜택을 누리지 못하고, 11억 명이 식수원 부족을 겪는 등 늘어나는 도시 인구에 비해 신흥국의 인프라 시설은 매우 열악하다.

신흥시장의 각국 정부들은 낙후된 인프라를 개선하기 위한 자본 마련을 위해 외자유치와 외국 민간기업의 참여를 점차 확대했다. 아시아 신흥시장에서 민간투자사업(PPP : 공공과 민간부문의 협력을 통해 인프라 개발 및 공공 서비스를 제공하는 방식)은 97년 외환위기 이후 감소했다가 전반적으로 다시 회복되었고, 인프라 사업 중 특히 물 산업의 경우 강화되는 환경규제와 신설 자본 투자 부담을 줄이기 위해 국가가 해왔던

〈중국의 주요 인프라 개발계획〉

도로	– 98년 129개 프로젝트에 1,600억 위안 투자
	– 향후 3년간 5,000억 위안 투자
	– 향후 3년간 고속도로 4,000km 건설
철도	– 향후 5년간 2,500억 위안 투자
	– 신설 5,340km 복선화 2,580km 전철화 4,400km 지방철도 1,000km
통신	– 98년 1,500억 위안 투자
발전	– 2000년 발전설비 용량 2억 9,000만kw
	– 소규모 석탄발전소 폐기 및 송배전망 확충
수리	– 수리시설에 향후 3년간 1,200억 위안 투자
	– 하수처리에 향후 3년간 1,100억 위안 투자
	– 도시 오수처리율을 현재의 7%에서 20%로 제고

출처 : 중국에 부는 인프라 개발바람, 1998.7.8, LG경제

운영관리를 민간기업에게 개방하는 민영화가 확산된 것이다.

(2) 심각해지는 환경문제 → 지구온난화 대응이 고객 기업의 중요한 이슈로 대두

〈기후변화로 인한 기업의 네 가지 위험요소〉

정부 규제	이해관계자 압력
· 공급자 규제 · 내부 공정에 대한 규제 · 제품 규제	· 브랜드 가치 하락 · 투자자 외면 · 커뮤니티 소송

경쟁환경 변화	기후변화의 물리적 영향
· 소비자 선호 변화 · 신체품, 기술출현	· 지속적인 기온 상승 · 기상이변 및 자연재해 · 해수면 상승

2000년 이후에는 자원 고갈 문제를 비롯해 지구 온난화, 오존층 파괴, 사막화, 삼림감소 등 환경 파괴가 극심해지는 문제가 발생했다. 특히 기후변화 이슈는 기업에게 온실가스 감축 규제, 투자

자 외면, 브랜드 가치하락, 새로운 기술이나 서비스 창출 압박, 경쟁 환경 변화 등의 위협요소를 가져왔다.

이와 같은 기후변화나 화석연료 고갈 등의 이슈는 GE의 주 고객사인 항공운송업체, 석유화학업체의 경영환경에 급격한 영향을 끼쳤다. 예를 들어 화학업체의 경우 온실가스 배출이 일정 수준 이상이 되면 탄소배출 비용을 지불할 의무가 생겼으며, 항공운송산업은 유가 급등으로 인해 악영향을 받게 되었다. 이에 따라 원가 절감을 통한 비용 절감이 중요한 문제로 부각됐다.

2. 환경대응

(1) 기회포착

80, 90년대 GE의 성장은 경쟁력 없는 제조부문을 핵심사업 위주로 재편하고 금융·서비스업을 육성하여 제조와 금융·서비스업 간의 시너지를 창출했기 때문에 가능했다. 당시 GE의 CEO였던 잭 웰치는 제조업 중심의 성장에는 한계가 있다고 파악하고 '양질의 제품도 생산하는 글로벌 서비스 기업'이라는 비전 하에 제조업 중심의 사업구조를 수익성이 높은 금융 서비스 사업 중심으로 개편했다.

이처럼 기업 내·외부 환경 변화에 맞게 사업구조를 끊임없이 변화해온 기존 경험을 살려 잭 웰치의 뒤를 이어 CEO로 부임한 제프 이멜트는 금융·서비스 사업만으로는 GE의 지속성장이 어렵다고 보고

'신흥국 시장'이라는 신시장과 '친환경사업'이라는 신사업 분야에서 새로운 성장 기회를 포착했다.

- 신흥시장으로의 진출을 GE의 성장 기회로 → 환경, 인프라 사업과 관련지어 진출
- 드리밍세션(Dreaminig Session)을 통해 환경에 대한 기업고객들의 수요가 있음을 포착

● 신흥시장으로의 진출을 GE의 성장 기회로 → 인프라, 환경 사업과 관련지어 진출

　GE는 세계경제 흐름을 면밀하게 분석한 뒤, 현 경영환경에서 신흥시장 진출이야말로 가장 높고 안정적인 성장을 동시에 꾀할 수 있는 기회라고 판단했다. 2004년 말 전체 매출액 가운데 47%를 해외시장을 통해 달성하고 있지만 해외 매출의 50% 이상은 유럽 지역에 집중되어 있는 상황이었던 만큼 지속적 성장을 위해 신흥시장으로의 시장 확대는 필수적인 사항이었다. 신흥시장이 무한한 가능성이 잠재되어 있는 시장이며, 지속적인 성장을 돕는 원동력이 될 것이라고 판단한 GE는 희소성과 수요가 있는 분야로서 인프라 시장에 주목했다.

　GE는 백열등과 가전용품 등 소비재 분야에 강점을 가지고 있었으나 중국, 인도 등 신흥시장에서 깨끗한 물, 효율적인 교통수단, 발전 및 송전망 같은 인프라 시설을 더 필요로 할 것이라고 판단했다. 만약 경제침체로 인해 신흥국시장의 경제성장률이 하락하더라도 여전히 철도, 풍력발전, 깨끗한 물, 전력 시스템 등 사회기반 시설에 대한 니즈는 클 것이기 때문이다. GE의 CEO 제프 이멜트는 인프라 사

업에 대한 희소성과 성장성을 다음과 같이 말하며 사업 진출의 필요
성을 설명했다.

"신흥시장과 선진국시장에서 앞으로 6년에서 8년 동안 약 1조 달
러가 사회기반시설에 투자될 것입니다. 내가 MBA에서 배운 사실 가
운데 하나는 돈을 벌려면 돈을 쓰는 사람 옆에 있어야 한다는 것입니
다. 만고불변인 진리 가운데 하나죠. 그래서 우리는 돈을 쓰는 사람
들 옆에 늘 붙어 있으며 지금 그 사람들은 사회기반시설에 투자하고
있습니다."

또한 GE는 중국, 인도 등 신흥국에서 가까운 시일 내에 환경문제
가 큰 이슈로 부각될 것으로 예측했다. 대부분의 개발도상국에서 공
업 기반이 다져지면, 국민들이 삶의 질을 고려해 환경에 관심을 갖게
되고 자연스럽게 저오염과 친환경 연료에 대한 요구가 거세진다. 이
는 신흥국 정부들이 환경보전과 개발이라는 두 가지 가치를 동시에
고려한 지속가능한 개발을 중요시하게 될 것임을 의미한다.

결국 GE는 신흥국 시장의 경제적 성장으로 인프라 사업에 대한 수
요가 지속적으로 늘어나고 환경문제가 큰 이슈로 부각될 것이라는
변화를 포착했으며 환경·인프라 사업과 관련지어 신흥국 시장 진출
을 고려하게 된다.

● 드리밍세션을 통해 환경에 대한 기업고객들의 수요가 있음을 포착
GE는 드리밍세션을 통해 기업고객과의 커뮤니케이션을 지속적으

로 유지하고 그들이 지구온난화를 비롯한 '환경' 분야에서 많은 수요가 창출될 것임을 포착하게 되었다.

드리밍세션(Dreaming Session)이란 GE가 새로운 사업 아이디어를 발굴하고 지속가능한 성장을 이루기 위해 기업고객의 CEO와 외부 전문가들을 초청해 함께 시중 트렌드와 당면 현안 등을 논의하는 대화 모임이다. 외부환경에 대한 다양한 논의가 이루어지는 가운데 GE는 ① 인프라 기술 ② 신흥시장 ③ 환경문제 해결 ④ 디지털 연결 ⑤ 금융기회 창출 ⑥ 인구통계변화 활용 등 6가지 메가트렌드를 작성하고, 고객사의 향후 경쟁환경과 요구사항을 분석했다. 그 결과 특히 이산화탄소 배출량의 감소·에너지 효율성·물 공급 부족 등 시급히 해결해야 할 과제로 환경문제가 떠오르고 있다는 것을 감지할 수 있었다.

"당신 회사가 앞으로 부딪치게 될 가장 큰 고민은 무엇입니까?"
"유가 등 화석연료 가격은 치솟는 반면, 오염 물질에 대한 규제는 더욱 강화되고 있어 문제입니다."

예를 들어 GE가 생산하는 항공기 엔진의 주 고객 중 하나인 보잉(Boeing)사는 향후 보다 에너지 효율적이고 온난화가스 배출량이 적은 항공기 개발에 사활을 걸고 있었다. 보잉사의 목표 가운데 하나는 이산화탄소 배출량을 15% 절감하고 에너지 효율성을 75% 이상 높이는 것이었다. 즉, 보잉사의 이와 같은 계획은 에너지 효율적·환경 친화적 엔진에 대한 수요가 증가했음을 의미하는 것이었다.

2004년 당시에는 미국의 연료가격이 저렴하고, 지구 온난화 주장의 타당성이 아직 받아들여지지 않았으며, 환경문제는 대단한 관심사가 아니었다. 환경이 문제라고는 누구나 인지했지만 모두가 환경은 비용일 뿐이라고 생각했었다.

하지만 GE는 21세기에 들어서 트렌드를 뒤쫓는 산업계의 거인이 아닌 환경보호라는 트렌드를 선도하는 기업으로 방향 전환을 하고, 2005년 환경보호라는 고객에 맞추면서 수익도 내는 솔루션 사업을 미래의 주요 사업군의 하나로 선포했다. 이는 GE가 기후변화 등 환경문제에 관한 이슈를 위기가 아닌 전략적 사업기회로 인식했다는 것을 의미한다.

(2) 혁신적 실행

- 신흥시장 진출을 GE 사업포트폴리오 재정비 기회로 활용-인프라를 주력 사업으로
- 에코매지네이션-친환경 + 기업수익 두 마리 토끼 잡기

① 신흥시장 진출을 사업포트폴리오 재정비의 기회로 활용
→ 인프라를 주력으로 한 '기업 대 국가' 전략

신흥시장에서 성장의 기회를 찾은 GE는 사업포트폴리오를 운송, 물, 에너지, 오일, 가스, 장비, 일부 금융서비스 사업을 인프라 사업부로 통합해 신흥시장에서 원스톱 서비스가 가능하도록 했다.

GE는 2004년에 항공기 엔진과 철도를 '운송 사업부'로 통합하고, 2005년에는 11개 사업부를 ① 인프라, ② 헬스케어, ③ 기업금융, ④ 소비자금융, ⑤ 종합산업(Industrial), ⑥ NBC 유니버설 사업부 등 6개로

〈GE의 'Company to Country〉

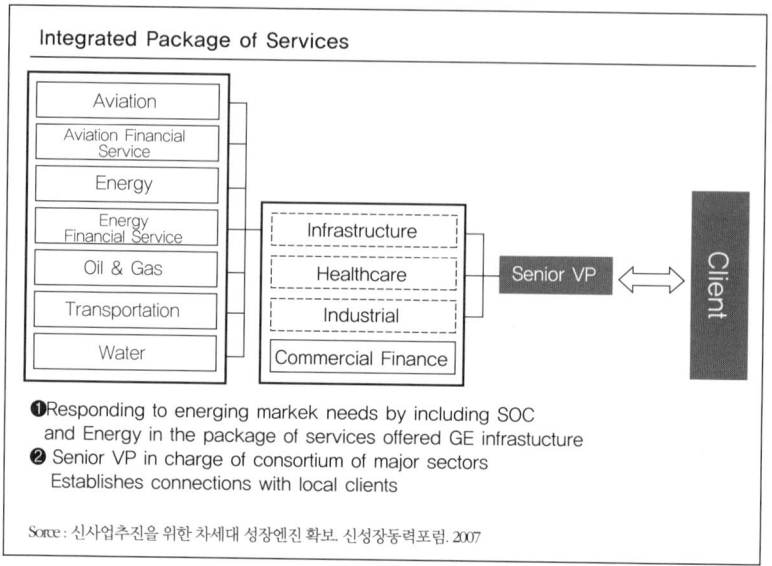

Integrated Package of Services

- Aviation
- Aviation Financial Service
- Energy
- Energy Financial Service
- Oil & Gas
- Transportation
- Water

- Infrastructure
- Healthcare
- Industrial
- Commercial Finance

Senior VP ⟺ Client

❶Responding to energing markek needs by including SOC
and Energy in the package of services offered GE infrastucture
❷ Senior VP in charge of consortium of major sectors
Establishes connections with local clients

Sorce : 신사업추진을 위한 차세대 성장엔진 확보. 신성장동력포럼. 2007

조정하며 사업포트폴리오를 재정비했다. GE의 사업포트폴리오 변화에서 주목할 만한 점은 항공엔진, 철도, 정수, 에너지, 오일과 가스장비, 일부 금융 서비스 사업을 '인프라 사업부'로 통합해 한 국가에서 제품이나 서비스를 원스톱으로 제공할 수 있도록 한 것이다.

'기업 대 국가(company to conutry)'라고 불리는 이와 같은 전략을 통해 GE는 신흥시장에서 필요로 하는 항공기 엔진, 에너지, 석유 및 가스, 기관차와 수처리 등 원천기술과 서비스를 제공하는 '종합 사회간접자본(SOC) 공급자' 역할을 수행하게 되었다. 신흥국가 정부 입장에서도 프로젝트 사업별로 여러 기업을 선정하기보다는 원스톱 서비스가 가능한 한 기업에 프로젝트를 맡기는 편이 유리하기 때문에 이해관계가 맞아떨어졌다. 또한 개별사업이 아니라 '사업군 뭉치'로 원스톱 서비스를 제공하는 것은 다각화된 사업군을 가진 거대 기업인 GE의 특성을 최대한 살릴 수 있는 방법이기도 했다.

이에 따라 GE는 사우디아라비아에서 알리 타미니와 수처리 합작사 설립, 보건의료 서비스 센터에 투자, 아람코로부터 가스터빈 제공사로 선정, 사우디아라비아 항공에 엔진 제공 등의 성과를 이루었으며, UAE에서 두바이 에미레이트 항공 제트엔진 실험 시설 건립, 내트위어와 함께 유니버설 스튜디오 건립, 두바이 자발알리 자유무역지대에서 중동 최대 수처리 시설 등의 대형 프로젝트 사업을 추진했다.

GE는 신흥국 시장에 효과적으로 진출하기 위해 사업포트폴리오를 재정비해 인프라를 주력사업으로 선정하고, 여러 산업에 걸친 사업 분야가 통합적으로 운영되고 있는 복합기업이라는 점을 최대한 활용해서 '기업 대 국가' 전략을 펼침으로써 성공하게 된 것이다.

② 에코매지네이션(인프라 + 환경문제를 결합)

GE는 신흥국의 경제적 성장에 따라 가까운 시일 내에 환경문제가 이슈화될 것이라는 변화를 간파한 후, '환경은 돈이다(Green is green)'라는 슬로건 아래 전사적 친환경 전략인 에코매지네이션(Ecomagination)을 새로운 성장동력으로 삼았다.

본래 인프라사업은 환경파괴를 일으키는 사업으로 지구온난화와 같은 환경문제 등의 이슈를 불러일으켜 기업에 위협요인으로 작용하기 쉽지만, GE는 이를 성장 기회로 생각했다. 즉, 양립하기 어려운 가치로만 여겨지던 '기업성장'과 '환경위기' 속에서 새로운 블루오션을 발견한 것이다.

에코매지네이션은 환경 또는 생태학을 의미하는 Ecology의 Eco와 GE의 슬로건인 'Imagination at work(상상을 현실로 만드는 힘)'의 Imagination을 합쳐서 만든 신조어로서, 친환경적 사업전략이 수익은 물론 사회에도 도움이 된다는 믿음에서 만들어졌다. GE의 CEO 제프리 이멜트는 "에코매지네이션은 환경을 보호하고 청정 환경을 조성할 수 있는 미래 기술을 개발하고 추진하는 것을 의미하며, 앞으로 10년 동안 수십억 달러를 투자해 청정 전략과 수자원 기술·제품을 개발해 고객 가치와 기업 이익 창출에 공헌하겠다"고 밝혔다.

따라서 GE는 에코매지네이션을 시작할 때 기업의 사회적 공헌은 물론 사업적 측면에서 유용할 수 있도록 매우 현실적이고 구체적인 목표를 설정했다. 주요 내용은 다음과 같다.

1. 친환경 기술 연구 개발 투자를 두 배로 늘림
: 환경 친화 기술 및 제품 개발을 위한 R&D 투자비를 현재 7억 달러에서 2010년까지 15억 달러 수준으로 2배 이상 단계적으로 증액한다.

2. 2010년까지 에코매지네이션 관련 제품과 서비스로 매출 200억 달러를 달성
: 재생 가능 에너지, 수소 연료 전지, 물 정화 시스템, 효율적인 수송기술 등 17가지 친환경 기술을 선정, 관련 제품을 적극 개발해 환경비즈니스 매출을 2004년 100억 달러에서 2010년에는 200억 달러 이상으로 늘린다.

3. GE의 온실가스 배출량을 줄이고 에너지 효율을 높임
: 제품 제조 과정에서의 온실가스 배출억제를 통해 에너지 효율을 확보하여 2012

년까지 온실가스의 절대 배출량을 2004년 대비 1% 줄이고 에너지 효율을 30% 높인다. 예를 들어 2008년까지 온실가스 농도를 30% 저하시키고, 배출 목표량의 진척 상황을 연차보고서를 통해 공개한다.

4. 일반인에게 에코매지네이션 연차보고서 공개
: 환경 경영과 관련된 일체 활동에 대한 내용을 공개해 투명한 경영을 하겠다는 취지에서 '에코매지네이션 연차보고서'를 웹사이트에 공개한다.

GE는 환경사업을 단지 기업홍보나 공허한 구호가 아닌 비즈니스적인 측면에서 접근했기 때문에 에코매지네이션 제품에 대한 명확한 기준과 구체적 수치를 중요시했다. 이에 따라 에코매지네이션 제품은 ① 고객의 경영성과나 기업 가치를 상당한 정도로 향상시키고 ② 환경적 측면에서도 상당한 성과를 올려야 한다는 두 가지 기준을 충족할 때 인정하기로 했다. 또한 친환경 제품이 가져올 환경적 효과와 이익을 다른 제품과 수치로 비교할 수 있도록 EPR(에코매지네이션 제품 평가) 채점표를 만들었다.

에코매지네이션에 의해 개발된 대표적 제품은 태양력 발전시스템, 중국에 300대를 계약한 하이브리드 기관차, 친환경 고효율 항공기 엔진, 수자원 정수장치 등을 들 수 있다.

또한 깨끗한 식수에 대한 수요가 늘어나자 GE 수처리 기술사업부와 인도의 직판매망 업체인 유레카포브스는 인도시장에 적정 가격의 믿을 수 있는 물 솔루션을 제공할 합작회사인 인피니트 워터 솔루션(Infinite Water Solution)을 설립하는 것을 돕고, 역삼투 멤브레인을 생산하여

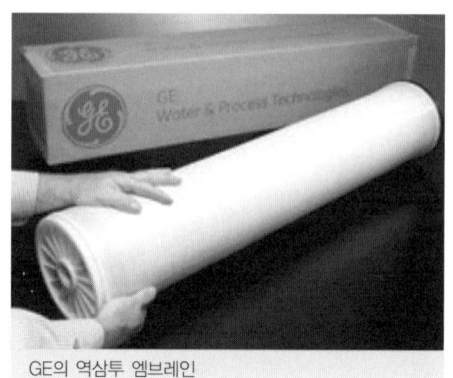
GE의 역삼투 엠브레인

제품과 기술 솔루션을 제공했으며, 그린 빌딩 프로젝트를 위해 인도 IT 공원인 하야나 기술공원(Haryana Technology Park)과 양해 각서를 체결하고 발전, 조명, 수처리, 보안 등 다양한 분야에서 협력을 추구했다.

이처럼 GE는 지속적 성장을 유지시켜줄 수 있는 사업 분야가 환경경영이라는 것을 간파하고, 이를 위해 필요한 기술을 갖추기 위해 포트폴리오를 구상하고 연구·개발에 막대한 투자를 단행했다. 한 발 앞서 기반을 다져놓아야 나중에 적절한 시기에 그 기술을 수요로 이끌어낼 수 있다고 판단한 GE는 과감하고 신속하게 행동함으로써 친환경 트렌드 흐름을 창조하고 시장기회를 잡을 수 있었던 것이다.

(3) 창조적 비전

- 복합기업이라는 GE의 특성을 최대한 활용한 비즈니스 모델
- 환경보호라는 트렌드를 선도하는 기업

● 복합기업이라는 GE의 특성을 최대한 활용한 비즈니스 모델

GE는 규모가 큰 복합기업이라는 점을 통해, 다양한 사업포트폴

리오를 활용하고 축적된 대규모 자본을 이용해 인프라, 환경 등 신사업 진출을 훨씬 효율적으로 할 수 있을 것이라고 보았다. GE라는 거대한 조직이 변화에 민감하게 대응하며 효율적으로 운영될수 있을까에 대한 회의적인 시각 또한 있었지만, GE는 자사의 규모와 제품, 전문 분야가 계속 확대될수록 급증하는 세계적 요구를 충족시키기 위해서 소수의 대기업만이 해결할 수 있다는 확신을 갖게 되었다.

500만 인구를 위한 깨끗한 식수가 필요한가?
– GE와 의논하시오

중국 북경시에 지능형 전력망을 설치해야 하는가?
– GE와 의논하시오

식기세척기가 필요한가?
– 이 역시 GE와 의논할 수 있지만, 이 경우에는 다른 많은 기업과도 의논할 수 있다

GE는 규모가 크면 혁신적일 수 없다는 편견에서 벗어나, 복합기업이기 때문에 오히려 다양한 사업포트폴리오를 활용해 여러 분야를 통합한 하나의 솔루션을 제공하는 비즈니스 모델을 창출할 수 있다고 보았다. 그 결과, 자사가 가지고 있는 다양한 사업군을 통해 시너지 효과를 창출한다는 창조적인 비전을 토대로 '기업 대 국가' 전략을 발전시키게 되었다.

● 환경보호라는 트렌드를 선도하는 기업

GE는 환경문제를 단순히 기업에게 주어진 외부 환경이 아니라 '어떻게 경영 자원으로 적극 활용할 것인가'라는 창조적인 시각으로 접근했고, 그 결과 에코매지네이션이라는 성장동력을 얻을 수 있었다.

단순히 친환경적 경영전략, 돈을 벌기 위한 수단이라는 의미를 넘어 '에코매지네이션'을 통해 고객과 사회가 당면한 환경문제를 한발 앞서 해결해주는 기술과 제품을 개발함으로써, 돈도 벌고 기업 이미지도 높이는 상생의 이념이 가능하게 된 것이다.

이것은 기업도 사회 일원이므로 사회의 변화와 요구에 상응하는 방식으로 존재할 때 생존, 발전할 수 있다는 이념 하에, 경영환경의 변화에 맞춰, ① 고객의 고민도 해결하고 ② 회사의 매출도 올리고 ③ 사회와 상생하는 일석 삼조의 효과를 거둔 창조적 비전이라고 할 수 있다.

3. 결과

(1) 신흥시장에서의 매출비중 상승

GE는 2000년 신흥시장에서의 매출수익이 약 100억 달러에 불과했으나, 2006년에는 290억 달러로 크게 늘어났으며 2010년까지 500억 달러 수준으로 늘어날 것으로 예상하고 있다. 2008년도 연차 보고서에는 신흥시장에서의 매출 수익 증가율이 평균 20%에 달했으며,

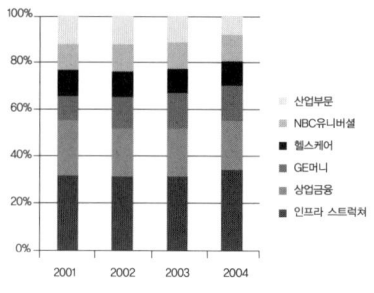

〈GE의 사업구조와 사업부문별 성장률〉

범례:
- 산업부문
- NBC유니버설
- 헬스케어
- GE머니
- 상업금융
- 인프라 스트럭쳐

Sorce : GE, Annual Report. 2007

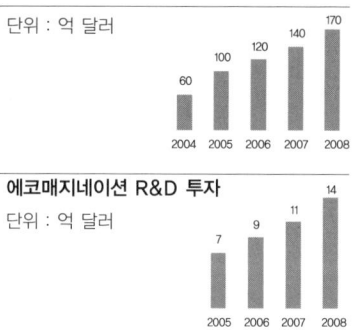

에코매지네이션 매출 성장

단위 : 억 달러

60 / 100 / 120 / 140 / 170
(2004 2005 2006 2007 2008)

에코매지네이션 R&D 투자

단위 : 억 달러

7 / 9 / 11 / 14
(2005 2006 2007 2008)

Sorce : GE, Ecomagination Annual Report. 2008

2009년에도 약 400억 달러의 매출을 올릴 것으로 예상하고 있다.

이와 같은 신흥시장에서의 매출 증대와 더불어 미국 이외의 지역에서 발생하는 전체적인 글로벌 매출 수익을 보면 2007년 전체 매출의 약 50%에 해당하는 865억 달러를 기록했다. 이 비중은 2005년 45%, 2006년 47%에 비해 점차 높아지고 있는 것으로 GE의 글로벌 시장 진출 전략이 성과를 나타내고 있음을 보여주고 있다.

(2) '인프라'와 '환경'이라는 새로운 성장동력 확보

GE의 2008년 에코매지네이션 연차 보고서에 따르면, 2005년 에코매지네이션 출범 당시 17개 제품이었던 것이 80개로 늘어났으며, 이를 통한 매출 수익은 170억 달러에 달했다. 2004년 60억 달러, 2005년 100억 달러, 2006년 120억 달러, 2007년 140억 달러에 이어 4년 연속 두 자리 수의 성장률을 나타내고 있는 셈이다.

특히 GE의 1.5MW급 풍력 터빈은 전 세계에 약 8,000여 개가 설치될 정도로 빠르게 보급되며 GE의 성장사업으로 자리잡았으며, 청정기술에 대한 지속적인 투자로 온실가스 배출량은 2004년 대비 2008년 10% 감소했다. 에너지 효율 면에서도 5,000여 개의 자체 프로젝트를 진행해 2007년 한 해 동안 약 1억 달러 수준의 에너지를 절약하는 성과를 올렸다.

5.2 세멕스

멕시코는 우리보다 앞서 외환위기를 경험한 국가로 1976년, 1982년 그리고 1994년 총 세 차례의 위기를 겪어왔다. 이 시기를 지나오면서 세멕스(Cemex)라는 시멘트 회사는 특별한 자원도, 특별한 기술도 필요 없는 시멘트, 레미콘, 골재 등 건축자재 산업에서 적극적인 인수합병(M&A)을 통해 글로벌 기업으로 성장했다. 1985년에는 매출이 3,000억 원도 안 됐지만 2000년까지 활발한 M&A를 통해 연평균 20% 이상의 고속성장을 거듭한 것이다. 이처럼 세맥스는 1990년대에 극적으로 성장하기 시작해 10년도 채 안 되어 세계 시멘트 업계 28위에서 현재 스위스의 홀심, 프랑스의 라파지와 함께 세계 3대 시멘트회사로 급부상하여 업계 내에서 수익성과 효율성이 가장 높은 기업으로 주목받고 있다.

---

1. 급변하는 환경

(1) 계속되는 외환위기로 인한 남미경제 침체

멕시코는 미국을 비롯한 외국의 경제적 영향을 줄이고 개발과정에서 북아메리카 국가와의 경쟁으로부터 국내 유치산업을 보호하기 위해, 여타 라틴아메리카 국가와 마찬가지로 1960년대부터 수입대체적 공업화에 들어섰다. 이러한 수입대체적 공업화 추진으로 종래의 수입품은 국내에서 생산된 수출품으로 대체되었고 국내 유치산업은 관세를 통해 보호를 받았으며, 환율은 철저하게 정부의 통제를 받았다. 그 결과, 멕시코의 제조업부문이 성장하게 됨에 따라 고임금 직업이 생겨나고 사업 기회가 조성되었다.

하지만 이는 멕시코가 대외채무 부담을 안고 경제위기에 직면하게 된 계기를 만들었다. 수입대체적 공업화는 공업원료의 대외의존을 심화시켰고, 공업화가 추진되면서 자본과 기술의 대외의존 또한 촉진되었기 때문이다. 기술과 원료를 구입하기 위해 막대한 외환이 필요하게 되자, 멕시코는 외국의 기술과 원료를 1차 상품 수출에서 획득된 외화, 페소화의 과대평가, 외국인의 직접투자, 미국 및 캐나다나 상업은행으로부터의 막대한 차관 등으로 충당해왔다. 그러나 외국인 직접투자는 다국적 기업의 재투자를 촉진시켰으며 페소화의 과대평가는 자본재 수입을 증가시키고 무역의 불균형을 초래했다. 이에 더하여 멕시코 내의 다국적 기업들은 멕시코의 새로운 외환이 창출되지 않았는데도 그들의 이윤을 본국으로 송환하여 무역의 불균형을 더욱 악화시켰다. 또한 멕시코 정부의 외화 차입은 대외채무를 누적시켜 무역수지 적자를 악화시켰다. 멕시코 정부의 채무는 대부분 상업은행, 각국 정부, IMF 등으로부터 차입된 것이었는데, 이는 멕시코 대외채무의 위기를 촉발시켰고 결국 멕시코가 외국에 경제적 지원을 요청하기에 이르도록 했다.

1982년에 이르자 국제석유가격이 하락하고 이자율이 치솟는 등 대외 거시 경제적 요인 또한 역전되어서, 멕시코는 거의 채무불이행 상태에 빠지고 말았다. 1982년 석유가격이 떨어졌을 때 멕시코의 세입은 한 달 사이에 50%나 줄어들었고, 이 당시 외환보유가 2억 달러밖에 남아 있지 않은 상태에서 대외채무가 800억 달러에 육박했고 만

기가 도래된 이자만도 30억 달러나 되었다. 멕시코 경제는 대외채무의 항구화 경향 속에 빠져들게 되었고, 결국 선진자본주의국가들의 금융기관에 엄청난 부채를 안고 말았다.

이러한 상황에서 세멕스는 시멘트, 광산, 유통, 관광 등으로 사업을 확장하면서 남미경제 침체와 함께 부실화되었다. 또한 1982년에 멕시코를 비롯한 중남미 국가들의 채무불이행 선언으로 불거져나온 총체적인 금융위기로 도산 위기에 직면하게 되었다. 이러한 경제위기 속 세계화 움직임은 세멕스가 해외로 나가지 않으면 안 될 상황을 초래했다.

2. 환경 대응

(1) 기회포착

세멕스는 계속되는 남미경기침체에 직면하며 도산 위기에 처하는 등 어려움을 겪었다. 시멘트업은 경기변동에 민감한 특성을 가지고 있기 때문에 세멕스가 이러한 상황에 처하는 것은 당연한 결과였을 것이다. 하지만 이러한 상황에서도 세멕스는 고속성장을 거듭하며 글로벌 기업으로 성장했다. 과연 세멕스는 어떻게 대응했는가? 이를 알아보기 위해 탄탄한 Cemex way를 구축한 세멕스의 움직임을 살펴볼 필요가 있다.

● 경제위기 속 자유화 조치와 경기에 민감한 시멘트 산업

1980년대 자유화 분위기 속에서 해외로 먼저 나가지 않으면 외국 기업이 멕시코에 들어와 자국 시장을 독식할 것이라는 위기의식이 팽배해 있는 상황에서, 세멕스는 해외로 나가지 않을 수 없었다. 또한 계속되는 남미의 경제침체 속에서, 세멕스는 경기변동에 민감한 특징을 지니고 있는 시멘트업의 한계를 극복하기 위한 해결책을 내놓아야 했다. 그 결과, 내수시장의 불확실성을 회피하기 위해서 전 세계적 생산 및 판매 거점을 확보하여 시너지 효과를 내고 규모의 경제를 달성하여 경쟁우위를 확보할 필요성을 느끼게 되었다. 그래서 1980년대 중반부터 해외 진출을 위한 리서치에 착수하는 한편 멕시코 경쟁업체들을 인수하며 자국시장에서 입지를 탄탄히 다지기 시작했고, M&A 합작 투자를 추진하게 되었다.

● 취약한 기반의 시멘트 산업

시멘트 회사들은 보통 배송하는 데 하루 이상을 소요하는데다가, 납입 기일을 잘 지키지 않아 고객의 불만을 많이 듣는 편이다. 또한 고객사들이 멕시코의 불안정한 기업 환경 탓에 막판에 주문을 취소하는 경우가 많아서 콘크리트 수요는 불안정했다. 고객들은 위약금을 물고 시멘트 회사들은 물류와 비용 면에서 문제를 겪으며 서로 피해를 보는 고질적인 문제가 존재해왔던 것이다. 이를 해결하기 위해, 세멕스는 이러한 점들을 고려하여 적기에 제품을 보급해 회사 이미지와 고객 충성도를 높이는 방안을 강구했다. 또한, 경기변동에 민감한 기업 고객을 대신할 새로운 수요가 필요하다는 사실에 주목하게 되었다.

(2) 혁신적 실행 : Cemex way

- 인수 후 통합에 주력하며 합병 시너지 효과 극대화 → PMI팀 구성
- IT기술에 집중해 굴뚝산업에서 혁신 기업으로 변모 → Cemex Net 구축
- 개인 고객에게서 새로운 수요 창출 → Partrimonio Hoy 프로그램 도입
- 산업재 브랜드마케팅으로 브랜드가치 구축하며 초일류다국적기업으로 변신

① 인수 후 통합에 주력하며 합병 시너지 효과 극대화 → PMI팀 구성

세멕스가 1990년대에 극적으로 성장하기 시작하여 10년도 채 안 되어 세계 시멘트 업계 28위에서 3위로 급부상한 데에는 이유가 있다. 경제위기 때마다 공격적으로 M&A를 추진하고, M&A 이후 통합까지 성공적으로 이루어내며 차별화된 전략을 사용했기 때문이다.

- **글로벌 M&A 전략으로 경기변동에 의한 위험을 최소화**

1980년대 후반 경제위기에 직면해 있을 당시, CEO 로렌조 잠브라노(Lorenzo Zambrano)는 경기변동에 민감한 시멘트업의 한계를 초일류다국적 기업으로 변신하는 것으로 극복하고자 하는 의지를 표명했다. 글로벌화를 추진하게 되면, 전 세계적 생산 및 판매거점을 확보하여 리스크를 분산시킬 수 있고 규모의 경제를 달성하여 경쟁 우위를 확보할 수 있기 때문이다. 이에 따라 세멕스는 글로벌화를 추진하기 위한 준비를 시작해나갔고, 1992년 스페인 시멘트 회사를 성공적으로 인수한 것을 시작으로 2001년까지 25건 이상의 글로벌 M&A를

성사시키며, 경제위기에도 불구하고 세계적인 다국적 기업으로 도약하게 되었다.

● 세멕스만의 M&A 노하우로 성공적인 M&A 추진 - PMI팀 구성

M&A는 누구나 할 수 있는 평범한 확장 전략에 불과한 듯하지만, 고도의 노하우가 필요한 전략이다. 특히 선진국 기업이 아닌 세멕스가 선진국 기업의 고유한 경쟁력으로 여겨졌던 M&A를 통해 글로벌 기업으로 성장한 것은 높이 평가될 만하다. 세멕스는 시멘트, 레미콘, 골재산업에 집중하면서 매우 체계적인 방식으로 다른 기업들을 인수해 새로운 부가가치를 창출하면서 성장했다. 전 세계 50여 개국에 동일한 환경과 동일한 기준을 적용하는 표준화된 관리시스템으로 체계적으로 접근하여 효율성을 제고한 것이다. 1992년 처음으로 멕시코를 식민지로 삼았던 스페인 기업을 인수하는 등, 세멕스의 M&A 기법은 선진국 기업도 인정할 만큼 경쟁력이 높다. 세멕스의 M&A 3단계는 다음과 같다.

- 1단계 - 최적의 인수기업 대상 선정 기준
- 2단계 - 대상 기업에 팀 파견
- 3단계 - 인수 후 통합(PMI)에 주력

1단계 - 최적의 인수기업 대상 선정 기준

첫째, 인수대금보다 더 높은 수익을 얻을 수 있고 투하자본이익률이 최소 10%가 돼야 한다.

둘째, 재무건전성과 신용에 타격을 줄 만큼 무리한 인수는 하지 않아야 한다.

셋째, 세멕스의 경영 역량을 통해 인수 후 부가가치를 창출할 수 있어야 한다.

2단계 – 대상 기업에 팀 파견

이러한 기준에 맞는 기업을 발견하면 세멕스는 10명으로 구성된 팀을 현장에 파견하여 표준화된 경영 관리 기준에 따라 기업의 모든 사항을 조사하고, 인수 여부를 결정한다.

3단계 – 인수 후 통합(PMI)에 주력

인수한 뒤에는 곧바로 '인수 후 통합(PMI, Post Merger Integration)' 팀을 파견하여 인수한 기업의 근무환경과 근무방식 등을 살펴보고 세멕스의 표준화된 시스템과 근무기준 등을 적용한다. 인수 기업이 국제적인 역량을 갖추지 못하면 조직 내 갈등이 빚어져 오히려 인수·합병이 모기업에 '약'이 아닌 '독'으로 기능할 가능성이 높기 때문이다. 이에 따라 세멕스는 인수 자체보다 인수 후 통합에 주력하면서 합병 시너지 효과를 극대화하려고 노력했다. 1992년 처음으로 스페인 회사를 인수할 때는 연구원과 기술자, 경영진 등 다양한 전문가들로 구성된 23명의 PMI 팀을 파견했다. 4대륙 34개 국가에 71개 공장을 운영할 만큼 사업소가 분산되어 있지만 PMI를 통해 동일한 기업 가치를 추구하기 위해서다.

특히 표준화된 프로세스와 IT 시스템을 운영함에 따라 효율성과 조직 통합력을 높였다. 대부분 피인수 기업 직원들은 IT 시스템과 경영 시스템에 익숙지 않아서 업무를 비효율적으로 수행할 수밖에 없는데, 통합된 시스템으로 직원 이해도를 높여 글로벌 조직으로서 업무를 처리할 수 있었던 것이다.

또한 세멕스는 피인수기업의 강점을 1개 이상 찾아 전 세계 조직에 전파하여 피인수기업을 철저히 자기편으로 만들었다. 정복자처럼 무조건 표준화된 시스템으로 운영하는 것이 아니라 피인수 기업의 장점을 받아들여 적용함으로써, 피인수 기업 임직원 사기 진작에도 도움이 되고 전체 조직도 더 효율적인 방법으로 업무 처리를 할 수 있게 한 것이다.

● 해외 M&A로 얻은 것

세멕스는 1992년 스페인 시멘트 회사를 성공적으로 인수한 것을 시작으로 남미, 북미, 아시아, 유럽시장에 진출했다. 2005년에는 유럽 3위의 시멘트 및 골재 생산업체인 영국의 RMC를 인수하게 됨에 따라 진정한 다국적 기업으로 인정받게 되었고, 2007년에는 호주의 링커그룹까지 인수하며 탄탄한 성공의 길을 닦아나갔다. 이처럼 세멕스는 변화에 대한 열정을 가지고, 한 분야에 집중하며 체계화된 접근을 하여, 현재는 전체 매출액의 80% 이상을 해외에서 얻고 있는 글로벌 기업으로 성장했다.

특히 기업을 인수할 때마다 피인수기업의 강점을 배워 이를 세멕스만의 문화와 경쟁력으로 체화한 유연성은 세멕스가 성공하는 데 큰 몫을 했다. 스페인 기업을 인수할 때는 대체연료에 대한 지식을 쌓고, 미국 기업을 인수할 때는 고객서비스에 대해 배우는 등, 여러 분야에서 개선할 점을 직접 체화함에 따라 경쟁력을 가질 수 있었던 것이다. 이러한 방법이 바로 인수기업과 피인수기업 모두 각자의 역할을 하며 상생의 길을 걷는 데 지나지 않고 큰 성공을 이루어낼 수 있었던 세멕스만의 비결이다.

② IT기술에 집중하여 굴뚝산업에서 혁신 기업으로 변모 → Cemex net 구축

세멕스는 굴뚝 산업에 속해 있는 시멘트 회사다. 이러한 초급기술을 요하는 기업이 정보시대에 효율성의 표본이자 혁신 기업으로 평가받고 있는 까닭은 무엇일까. 세멕스는 시멘트 사업의 문제점을 파악하고 정보 시스템을 적용하여 해결하려는 노력을 기울였다.

● 시멘트 사업의 핵심은 IT

시멘트는 대부분 품질이 비슷해서 특별히 뛰어난 제품이 없는데다가, 여러 시멘트 회사들이 납입 기일을 지키지 않아 고객의 불만이 많았다. 또한 멕시코의 기업 환경이 불안정했기 때문에 고객사가 막판에 주문을 취소하는 경우가 많아서, 고객들은 위약금을 물고 회사는 물류 문제를 떠맡게 되는 등의 문제가 많았다. 이러한 점에 착안해서 세멕스는 적기에 제품을 보급하기 위해 정확하게 제품을 보급하는 운영시스템이 필요하다는 결론을 내렸다.

그 결과, 배송 트럭에 GPS(위치추적 시스템)를 장착하여 고객에게 가장 인접한 곳에 있는 트럭을 연결시킴에 따라, 멕시코 어느 곳에든

30분 이내에 회반죽을 공급해 시멘트 업계의 도미노피자로서 거대 시멘트 산업에서 경쟁적 우위를 확보하게 되었다. 또한 교통정체로 배달업무가 지연될 때나 배달 마지막 순간에 고객이 주문 변경을 요청할 때에도 즉시 내용을 변경하거나 행선지를 바꾸어 손실을 줄였다. 이처럼 시멘트를 실은 트럭이 정확한 시간에 배송됨에 따라, 낭비되는 기름을 절약하고 트럭 사용을 35% 이상 줄이며 유지비용을 줄이는 효과를 얻었다.

또한, 전 세계 2,000여 개 유통업체를 연결하는 위성시스템 Cemex Net를 구축하여 고객의 정확한 수요를 예측하고 회사의 생산시설과 중앙 재고 창고를 연결하며 스피드를 높여나갔다. 이에 따라 세멕스는 정확한 배송으로 인해 단순히 비용 절감의 효과만 누렸을 뿐만 아니라 회사의 이미지 제고로 고객충성도를 높이는 결과 또한 얻게 되었고, 세계에서 가장 똑똑하고 혁신적인 기업이라는 평가도 받게 되었다.

이처럼 세멕스의 CEO 잠브라노는 일찍이 IT분야에 높은 관심을 가져서 경쟁사가 IT분야에 소홀할 때 업계 최초로 인공위성을 이용

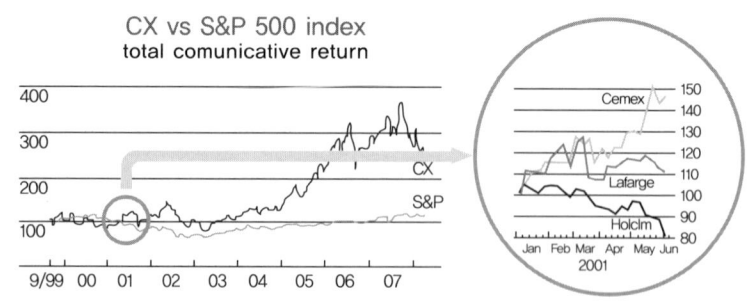

Sources: Annual Report, The Economist 2001 "The Cemex Way"

해 전 세계 사업장을 연결하고 모든 데이터가 본사로 전송되게 했으며, 표준화된 IT시스템 구축으로 전 세계 사업장에서 효율적으로 업무를 처리할 수 있게 하여 유럽지역 경쟁자들과 차별화를 이루어냈다. 겉으로만 보면 전형적인 사양 산업에 속하는 시멘트 사업을 최첨단 사업으로 탈바꿈시킨 것이다. 만성적인 노사갈등을 겪고, 경직된 조직구조로 변화에 둔감하고, IT 시스템을 확산하고 통합하는 데 있어서도 전사적 의지가 부족했던 경쟁사들의 주가가 뚜렷한 하락세를 보일 때, 세멕스의 주가는 지속적으로 상승세를 보였다.

③ 개인 고객에서 새로운 수요 창출 → Partrimonio Hoy 프로그램 도입

세멕스 매출의 대부분을 차지하는 기업 고객은 경기에 민감하다는 단점이 있는 반면, 개인 고객은 경기에 크게 민감하지 않다. 그래서 세멕스는 산업재 기업임에도 불구하고, 수요가 안정된 멕시코 및 중남미 빈곤층을 새로운 수요로 창출하고 집중 공략하는 전략을 구사했다.

● 새로운 수요를 창출한 특별한 비즈니스 모델

멕시코에는 체계적인 도시개발 정책이 없다. 그래서 한국과는 달리 집을 짓기 위해 직접 시멘트를 구입하는 경우가 많다. 이는 집을 필요로 하는 가난한 사람들이 돈이 없어서 집을 사지 못하고 스스로 집을 지어야 하기 때문이었다. 이 때문에 직접 시멘트를 구입하는 소매고객이 전체 판매액의 85%를 차지할 정도로 그 비중이 크다. 그래

서 세멕스 직원들은 빈민가 고객들과 1년 동안 생활하며 그들의 소비 패턴을 연구했다.

그 결과, 직접 집을 짓기 위해 시멘트를 사고 기타 일련의 작업을 하는 것이 저소득층에게 큰 금전적 부담으로 다가온다는 점에 착안하여 '오늘을 위한 기금(Patrimonio Hoy)'이라는 프로그램을 도입했다. 이는 '시멘트 계'라고도 칭해지는데, 지역별로 3명의 구성원이 모여 매주 일정 금액을 곗돈으로 내면 차례로 돈을 받는 것이 아니라 새 집을 짓는 데 필요한 시멘트와 벽돌을 제공받는 것이었다. 이러한 작업이 진행되는 동안 시멘트 가격이 올라도 기존 가격으로 제공하여 사람들의 부담을 덜어주었을 뿐만 아니라, 자금 대출, 자금 계획 상담, 건축 컨설팅 등의 서비스까지 지원하며 집을 짓는 것을 도왔다.

또한 '사랑하는 사람에게 집을 선물하세요'라는 광고를 통해 선물용 시멘트를 판매하여 슈퍼마켓에서도 쉽게 시멘트를 살 수 있게 했다. 단돈 몇 달러이지만 소박한 꿈의 씨앗이 된 이 카피는 많은 소비자들이 시멘트를 사고 선물하게 만들었다. 세멕스는 딱딱한 시멘트가 아닌 따뜻한 시멘트로 고객들에게 다가가며 희망과 꿈을 전해주었던 것이다.

● **가치마케팅으로 얻은 것**

세멕스는 Partrimonio Hoy를 통해 연간 5억 달러 이상의 신규수요를 창출하여 월 매출성장률 15%를 기록하고, 2년 만에 매출 성장을 2배로 이루어내어 업계 내에서 최고 수익률을 기록했다. 저렴한 시멘트, 대출 지원, 건축 방법 지원 등으로 18만의 저소득층 가구에 내집 마련이라는 꿈을 안겨다준 것은 세멕스에게 4만 명 이상의 고객 확보와 성공을 안겨다주었다. 1992년 세계 10위였던 세멕스는 매출을 늘리고 적극적 M&A를 통해 2004년 세계 3위의 시멘트업체 반열에 올라섰다. 지역 소비자와 가깝다는 강점을 적극적으로 활용해 차별화된 혁신을 통해 글로벌 기업과의 경쟁에서 살아남은 것이다. 이처럼 Patrimonio Hoy는 세멕스가 세계 3위의 시멘트 제조업체이자 멕시코에서 가장 존경받는 기업으로 거듭나게 된 탄탄한 토대가 되었다.

④ 산업재 브랜드마케팅으로 브랜드가치 구축하며 초일류다국적기업으로 변신

산업재 범용상품산업인 시멘트업은 딱딱하고 고객과는 연관이 없어 보인다. 하지만 세멕스는 이러한 기존의 틀을 깼다. 세멕스는 고객중심경영이념과 문화산업에 초점을 맞추어 성장해나간 것이다. 업계 최초로 시멘트 제품에 기업 라벨을 부착하여 브랜드 가치를 널리 알림으로써, 세멕스를 유명 브랜드로 각인되게 만들었다.

또한 '사랑하는 사람에게 집을 선물하세요'라는 광고를 통한 감성적인 브랜드 전략은 새로운 수요를 만들어내고 따뜻한 회사의 이미지를 만들어냈다. 거기에 Partriomonio Hoy는 CSR 활동의 일종으로 브랜드 가치를 부각하는

데 큰 역할을 해냈다. 세멕스는 1997년부터 지속가능보고서를 꾸준히 펴내며 사회적 책임을 다하고, 끊임없는 성장을 이룩해온 초일류 다국적기업으로 변신했다.

(3) 창조적 비전

세멕스는 사람을 중시하고 혁신하는 기업으로써 지속적인 성장을 이루어나간다. 그를 위해 다음의 목표를 설정하고 달성해나갔다.

- 피인수기업의 강점을 찾아 전 세계 조직에 전파하며 세멕스의 문화와 경쟁력으로 체화한다.
- 기존 굴뚝산업에 IT기술을 접목하여 혁신 기업으로 탈바꿈한다.
- 딱딱한 시멘트가 아닌 따뜻한 시멘트로 고객에게 다가간다.

3. 결과

(1) 기업의 외적성장

세멕스는 1982년 멕시코를 비롯한 중남미 국가들의 채무불이행 선언으로 불거져나온 총체적인 금융위기로 도산 위기에 직면하게 되었지만, 초일류 다국적 기업으로 변신하는 것을 목표로 위기를 헤쳐나갔다. 글로벌화를 추진하면, 전 세계적 생산 및 판매거점을 확보하

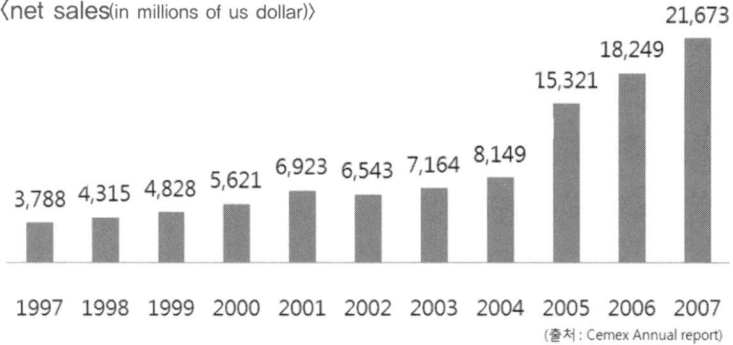

⟨net sales(in millions of us dollar)⟩

21,673

18,249

15,321

3,788 4,315 4,828 5,621 6,923 6,543 7,164 8,149

1997 1998 1999 2000 2001 2002 2003 2004 2005 2006 2007

(출처 : Cemex Annual report)

게 되어 리스크를 분산시키고 규모의 경제를 실현할 수 있기 때문이었다. 이에 따라 1992년 스페인 시멘트 회사를 성공적으로 인수한 것을 시작으로 남미, 북미, 아시아, 유럽 시장에 진출하며 지속적으로 성장했다. 특히, 2005년에 유럽 3위의 시멘트 및 골재 생산업체인 영국의 RMC를 인수하면서부터 성장이 더욱 가속화되었다.

(2) 새로운 비즈니스 모델 창출

세멕스가 1980년대의 경제위기에도 불구하고 1990년대부터 극적으로 성장하기 시작하여 10년도 채 안 되어 세계 시멘트업계 28위에서 세계 3대 시멘트회사로 급부상한 것은, 새로운 비즈니스 모델을 창출했기 때문이다. 우선, 기존 시멘트회사들이 문제 삼지 않았던 시멘트 산업의 약점을 보완하기 위해 M&A와 IT기술에 주력하여 경쟁적 우위를 마련했다. 또한 발상의 전환을 통해 산업재 브랜드 마케팅을 시도하고 개인 고객 수요를 창출함으로써, 딱딱한 시멘트가 아닌

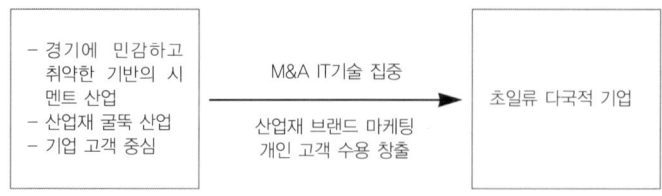

따뜻한 시멘트로 고객에게 다가갈 수 있게 되었다. 이러한 노력들은 기존의 시장 게임 룰을 변화시켰고, 업계 내에서 수익성과 효율성이 높은 기업으로 주목받는 초일류 다국적 기업 세멕스를 만들어냈다.

6 | 사례분석 요약

앞의 8개 기업 사례분석에서 우리는 급변하는 경영환경 속에서 각 기업이 어떻게 대응했으며 그 결과 어떤 성과를 가져왔는지 구체적으로 살펴보았다. 이 장에서는 앞의 사례분석 내용을 통해 각 기업의 '환경 대응' 성격에 따라 (1) 사업모델 전환 (2) 새로운 수요창출 (3) 핵심역량 강화, 다음 세 가지 차원으로 나누어 요약·정리했다.

사업 모델 전환	새로운 수요 창출	핵심 역량 강화
• Apple 혁신적 제품 개발을 통한 주력사업 변신 **• GE** 미래 각광산업(친환경·인프 라)으로 신성장동력 확보 **• Li&Fung** 새로운 '공급망 네트워크 관리' 창출	**• Uniqlo** 품질·가격·디자인을 만족 시켜 불황기 소비자 공략 **• Tata** 신흥국 잠재수요 포착으로 저가차 segment 창출 **• Cemex** 개인 고객에서 새로운 수요 창출	**• Toyota** 프리미엄 자동차 출시로 고급 브랜드로 도약 **• Haier** 품질강화와 해외시장 확대로 글로벌 브랜드로 도약

1. 사업모델 전환

애플, GE, 리앤펑은 환경변화에 대응해 기존의 사업모델을 전환하여 새로운 분야로 진출한 사례다. 이들 기업은 새로운 분야로 진출하기 위한 기회포착을 어떻게 했으며, 이를 성공으로 이끌기 위해 어떻게 했는지 그 과정에 주목해보았다.

1) 애플의 Key Point

● **혁신적 제품 개발을 통한 주력사업 변신(PC산업 → 아이팟 → 온라인 음악시장)**

애플은 IT 버블 붕괴로 주력사업이었던 PC산업이 침체에 빠지자 새로운 성장동력으로 소비자 감성분야인 온라인 음악시장에 주목했다. 이에 따라 자사의 Hidden Asset인 디자인, 유저인터페이스, 소프트웨어를 활용하여 간편한 조작이 가능하고 아름다운 디자인을 가진 MP3 플레이어 아이팟을 개발했다. 애플이 신사업으로 진출한 지 1년도 안 되어서 아이팟을 시장에 내놓을 수 있었던 것은, 제품 콘셉트와 디자인은 내부에서 하되 기술개발은 외부 전문기업을 활용하는 '네트워킹 개발방식' 덕분이었다. 나아가 애플은 하드웨어인 '아이팟', 소프트웨어인 '아이튠즈', 음악 콘텐츠를 판매하는 '뮤직스토어'를 결합하여 사용자의 편의성을 강조하고 새로운 고객가치를 창출해냄으로써 애플만의 독특한 시장장벽을 형성할 수 있게 되었다.

2) GE의 Key Point

● **미래 각광산업(친환경 · 인프라)으로 신성장동력 확보**

GE는 드리밍세션(Dreaming Session)을 통해 기업고객, CEO, 정부기관,

NGO 등 기업 내외 다양한 이해관계자와 논의와 토론을 펼친 결과, 시급히 해결해야 할 과제로 치솟는 화석에너지 가격과 강화되는 오염 물질 규제 등 환경문제가 대두되고 있다는 것을 감지할 수 있었다. 이에 따라 GE는 환경문제를 단순히 기업에게 주어진 위기가 아니라 '어떻게 경영 자원으로 적극 활용할 것인가'라는 시각으로 접근했다. 그 결과, 양립하기 어려운 가치로만 여겨지던 기업성장과 환경위기 모두를 가능하게 하는 친환경 사업에서 새로운 블루오션을 발견했다. 에코매지네이션(Ecomagination)을 통해 고객의 고민도 해결하고 회사 매출도 올리면서 사회와 상생하는 일석삼조의 효과를 얻은 것이다.

또한 GE는 새로운 성장동력으로 신흥국 시장을 주목했다. 신흥국 가들의 경제 성장으로 인프라 사업에 대한 수요가 지속적으로 늘어 날 것이라는 변화를 포착한 GE는, '기업 대 국가' 전략을 바탕으로 원스톱서비스가 가능하도록 하기 위해, 인프라를 주력으로 사업포트폴리오를 재정비했다.

3) 리앤펑의 Key Point

● 새로운 비즈니스 모델 창출 – '공급망 네트워크 관리'

리앤펑은 기존 단순중개업 사업모델의 수익성이 떨어지자 정보통신의 발달, 세계화 흐름, 기술의 평준화로 점차 '평평해지는 글로벌 환경'에 주목했다. 평평해진 세계에서 기업들이 핵심역량을 제외한 가치사슬의 대부분을 해외 외부업체에게 의뢰하는 글로벌 아웃소싱을 활용하게 됨에 따라 공급사슬관리(SCM)의 중요성이 점차 커지게 되었기 때문이다. 이에 대응해 리앤펑은 가치사슬 상 매우 다양한 수준의 업체들을 상호 연결시켜주는 글로벌 공급망 네트워크 조정자로 변신하는 데 성공했다. 유럽시장용 스웨터를 생산할 때 실은 한국에서 공급받고, 염색은 태국업체가 하고, 옷감은 대만에서 짜고, 일본산 지퍼는 멕시코에서 접합하여 미국 물류 센터를 통해 세계 곳곳에 퍼져 있는 소매업자에게 스케줄에 맞춰 배송하는 비즈니스 모델을 창출한 것이다. 그 결과 리앤펑은 생산장비나 처리시설을 보유하고 있지 않으면서도 40여 개 국가, 약 7,500여 개의 공급업체와 제조업체들이 협력하게끔 하는 조정자 역할을 수행해 수익을 창출하는 '저자본 레버리지 사업모델'을 가질 수 있게 되었다.

2. 새로운 수요 창출

유니클로와 타타자동차는 기존 산업 내에서 충족되지 못하고 있던 고객 니즈를 발견해내고, 이를 상품화하여 성장한 사례다.

1) 유니클로의 Key Point

● **불황기 소비자 공략 – 품질·가격·디자인을 모두 만족시키는 새로운 가치 창출**

유니클로는 불황기 소비자 니즈를 포착해내고 기존 의류 시장에는 존재하지 않았던 '가격·품질·디자인을 모두 만족시키는 의류'라는 새로운 가치를 창출해내며 성장했다. 공급자사슬관리(SCM)의 혁신으로 경쟁자보다 원가를 줄이되, 품질은 떨어지지 않는 저원가 혁신을 이루었기 때문이다. 경쟁업체들이 리스크 때문에 디자인·생산·판매를 수직 시스템화하는 SPA방식을 도입하는 것을 머뭇거리는 사이, 유니클로는 SPA 시스템을 받아들여 중간유통과정을 없애 상당한 원가절감을 이루는 동시에 재고관리상 리스크를 최소화하기 위해 베이직 제품 위주로 완전판매를 유도하는 판매 전략을 펼쳤다. 또한 저렴한 가격의 좋은 품질이라는 자사 의류의 특징을 최대한 활용할 수 있는 '생필품처럼 사는 옷'이라는 콘셉트를 내세워, 소비자들이 마치 생필품을 구매하듯 유니클로 제품 또한 한 번에 여러 색상을 구입하게끔 유도했다.

2) 타타자동차의 Key Point

● 저가차 세그먼트 창출 – 신흥국 잠재 수요 포착

타타자동차는 초저가차 생산에 회의적이었던 기존 시장 상황 인식을 뒤집고, 이머징 마켓의 잠재 수요를 포착해 '저렴한 가격의 자동차'라는 콘셉트로 240만 원대의 '타타 나노'를 출시했다. 타타자동차가 '나노'를 출시했을 당시 금융위기로 선진 시장의 수요는 위축되는 반면 신흥시장의 수요는 점차적으로 증가 추세에 있었기 때문에, '저가차'는 글로벌 자동차 시장에서 생존의 화두로 떠오르며 시장 자체가 급성장하게 되었다. 2004년 8%에 불과하던 신흥시장에서의 저가차 비중이 2008년 11%로 증가하는 추세로 봤을 때, 타타자동차는 이머징 마켓의 잠재수요를 발견해서 기존 자동차 시장의 큰 변화를 선도한 저가차 시장의 리더로서 입지가 확고해질 전망이다.

3) 세맥스의 Key Point

● 개인 고객에서 새로운 수요 창출 — 브랜드 마케팅으로 브랜드 가치 구축

시멘트업계 매출의 대부분은 기업 고객으로부터 창출된다. 하지만 기업 고객은 경기에 민감하기 때문에, 불경기에 회사에 타격을 줄 수 있다. 이러한 점에 착안해 세맥스는 비교적 수요가 안정된 멕시코 및 중남미 빈곤층을 집중 공략했다. 세맥스는 그들에게 단순히 시멘트를 판 것이 아니라, 'partrimonio hoy'를 통해 시멘트 구입을 촉진하고, 그 외 자금 대출과 건축 컨설팅 등을 제공함으로써 빈곤층에게 내 집 마련의 꿈을 실현시켜주었다. 이는 세맥스가 세계 3위의 시멘트 제조업체이자 멕시코에서 가장 존경받는 기업으로 성장하는 데 탄탄한 토대가 되어주었다. 이에 더해 산업재 주력 기업임에도 업계 최초로 시멘트 제품에 라벨을 부착해서 세맥스를 유명 브랜드로 각인되게 하고 브랜드 가치를 널리 알린 것과, IT기술에 집중하여 혁신 기업으로 변모한 점은 눈여겨볼 만한 점이다.

3. 핵심역량 강화

도요타와 하이얼은 후발주자(Follower)가 선두기업(Leader)과 경쟁하기 위해 철저한 품질관리를 통해 제품경쟁력과 자체 브랜드 파워를 강조하면서 핵심역량을 강화하여 성장한 사례다.

1) 도요타의 Key Point

● 친환경 기술로 자동차 업계 트렌드를 선도

도요타는 친환경 자동차인 '프리우스'를 개발해 하이브리드 자동차 시장을 석권한 성장사례다. 도요타는 친환경 기업을 경영 최대 과제로 삼고 93년 G21 프로젝트를 발족하여 세계 최초로 양산형 하이브리드 기술을 개발했다. 도요타는 친환경 기업이라는 긍정적인 이미지와 더불어 하이브리드 부문에서 업계표준을 선점할 수 있었다.

2) 하이얼의 Key Point

● 글로벌 브랜드로의 도약을 위한 신흥국 기업의 움직임 – 품질강화 · 해외시장확대

하이얼은 신흥국 기업임에도 불구하고 소비재 분야에서 품질을 강화하여 해외시장을 확대하는 전략을 폈다는 점에 초점을 맞출 수 있다. 선진국 시장의 까다로운 소비자를 위협이 아닌 기업역량을 강화시킬 수 있는 발판으로 보고 선난후이(先難後易) 전략을 추진하여 단계적으로 진입방식을 고도화하며 선진국 시장으로 진출한 것이다. 소형 냉장고, 와인 쿨러 등 니치 제품으로 북미 시장으로 진출한 하이얼은 최근에는 저가 라인업에서 벗어나 중가 이상으로 라인업을 확대하고 있다. 이는 신흥국 기업들이 로우엔드(Low end) 시장에서 쌓은 가격 경쟁력을 바탕으로, 꾸준한 R&D 투자와 품질관리 노력으로 점차 하이엔드(High end) 시장으로 확대하고 있는 현실에서 주목할 만한 변화다.

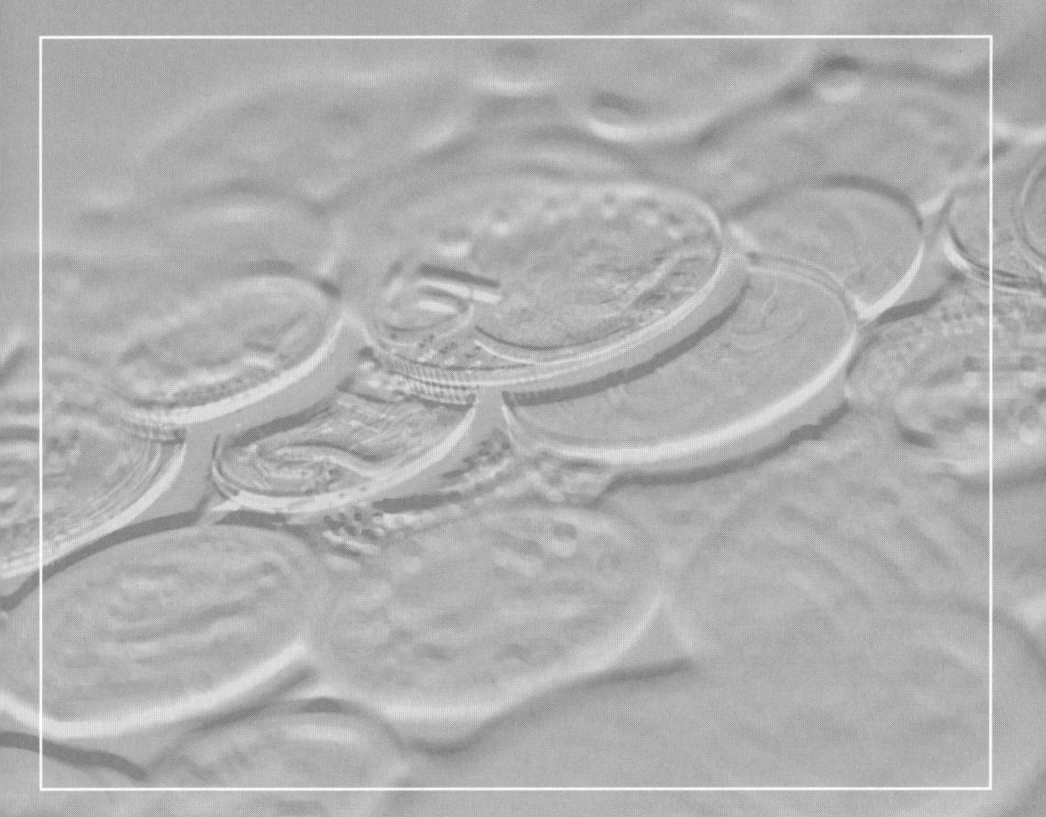

제5장

결론

한국기업의 새로운 도약을 위하여

급격한 환경변화 및 위기는 언제나 산업 내 기업들의 경쟁구도를 새롭게 재편해왔으며, 2008년 말 시작된 전 세계 경제위기는 개별기업이나 어느 한 산업뿐 아니라 전 세계의 경쟁구도를 완전히 바꾸면서 기업들에게 생존의 위협과 성장 기회를 동시에 제공하고 있다. 본 연구는 앞서 살펴본 기업사례분석을 토대로, 한국기업들이 급변하는 경영환경을 도약의 디딤돌로 삼게 하기 위해 다음 5가지 시사점을 제시하고자 한다.

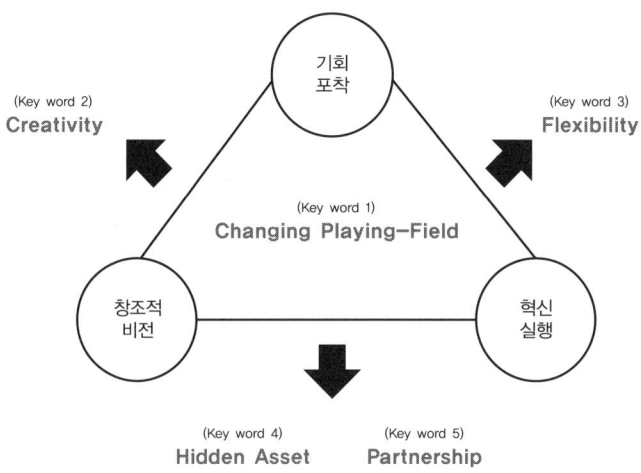

1. Changing Playing-Field
– 변화하는 경쟁의 장에서 행동반경을 넓혀라

■ Key message → 산업 밖에서의 경쟁, 복합도메인 경쟁, 생태계 그룹
간 경쟁

● **도약한 기업들의 공통점 – 범위를 넘나들며 행동반경을 넓히다**

본 연구는 경영환경 변화에 따른 산업트렌드 · 기업경쟁구조 · 소
비자욕구 등에서 기회를 발견하고 이를 성장의 발판으로 삼은 기업
들을 대상으로 사례분석했다. 이들은 공통적으로 자신들의 행동반
경을 기존 산업 내 정해진 범위에 한정짓지 않고 산업 · 도메인 · 가
치사슬을 넘나들며 변화하는 경쟁의 장(Play Field)에서 자신들의 역량
을 발휘했다는 특징을 가지고 있다. 산업 밖에서의 경쟁을 인식한 유
니클로는 의류시장의 파이를 넓히는 것에 주력했고, 복합도메인 간
경쟁의 중요성을 포착한 애플은 하드웨어와 소프트웨어 콘텐츠를 결
합하여 새로운 가치를 창조해냈다.

● **유니클로 – 산업 내 경쟁을 넘어 의류시장 매력도를 높이다**

유니클로는 의류산업을 사양산업으로 보는 기존 시각에 얽매이지
않았다. 의류산업을 사양산업이라고 정의하는 순간 '수요는 결정되어
있고 파이는 일정하다'는 생각에 사로잡힐 수 있다고 보고, 경쟁대상
을 의류업체뿐만 아니라 PC, 휴대폰, 자동차, 레스토랑 등 소비재를
생산하는 모든 업체까지 포함시켰다. 즉, 유니클로의 활동범위를 산

업 내부에 한정짓지 않고 '높은 품질, 낮은 가격의 제품'을 통해 의류 시장 자체의 매력도를 높이고 파이를 키운 것이다.

● 애플 – 하드웨어 + 소프트웨어 + 콘텐츠를 결합한 MP3 플레이어

애플의 경우 MP3 플레이어 시장에서 자사의 행동반경을 '제조'에만 한정짓지 않았다. 기존 MP3 플레이어 기업들이 하드웨어 중심의 경쟁에 치우쳐 있다는 점에서 시장기회를 포착한 애플은 하드웨어인 '아이팟', 소프트웨어인 '아이튠즈', 음악 콘텐츠를 판매하는 '뮤직스토어'를 결합했다. 음반사들과 판매계약을 체결해 뮤직스토어에 수백만 곡을 판매하고, 고객들에게 MP3 다운로드 소프트웨어인 아이튠즈를 무료로 배포해 음악콘텐츠 구매를 유도함으로써, 자연스럽게 아이팟의 구매로 이어지는 새로운 비즈니스모델을 창조해냈다.

이와 같은 사례분석을 통해 기업 간 경쟁의 장이 단일 산업 하에서 단조롭게 이루어지던 수준을 넘어 산업 간의 경계를 무너뜨리고 고객과 비관련 분야까지 포괄하는 종합 네트워크적 성격으로 변화하고 있다는 것을 알 수 있다. 또한 경쟁의 장이 변화함에 따라 자사가 속한 비즈니스 생태계에 속한 기업과 기업 사이의 네트워크와 가치창조·창조된 가치의 공유가 커다란 중요성으로 부각되었다. 소니–생태계 대 삼성–생태계, 마이크로소프트–생태계 대 구글–생태계, 현대자동차–생태계 대 도요타자동차–생태계 간의 경쟁 시대가 된 것이다.

급변하는 환경을 성장의 발판으로 삼기 위한 첫 번째 단계는 새롭게 변화하는 경쟁의 장이 어떤 모습을 띠고 있는지 파악하는 일이다.

산업 밖에서의 경쟁, 복합도메인 경쟁, 생태계 경쟁 등 경계를 넘어 발생하고 있는 새로운 Round 2 무대에서 한국기업들은 자사의 업을 산업내부나 특정 도메인으로 한정짓기보다, 자신이 뛸 수 있는 그라운드를 넓히도록 해야 한다.

2. Creativity
– 환경변화 속 '새로운 지도'를 그려나가라

■ Key message → 주어진 환경변화를 새로운 의미로 구성하여 새로움을 만들고(제품), 받아들이면서(기술), 나아가라(시장)

● **새로운 지도를 그려가는 창조력으로 비전을 제시하다**

환경변화 속 기회를 포착하고 이를 창조적 비전과 연결하는 것은 기업이 새로운 도약을 위한 '방향을 설정하는 일'이다. 기업은 비전을 통해 변화하는 환경 속에서 조직구성원들에게 지향하는 바를 명확히 제시하고 변화를 이끌어내는 동시에, 조직의 역량을 결집시킬 수 있다. 다시 말해, 비전은 기업이 지향해야 할 방향과 지속적으로 추구해야 할 목표를 알려주는 나침반 구실을 한다고 볼 수 있다.

본 연구의 조사대상 기업들은 새로운 도약을 위해 새로운 기술을 받아들였거나(리앤펑, 세맥스), 새로운 제품을 만들었거나(애플, 유니클로, 도요타, 타타자동차), 새로운 시장으로 진출했다(하이얼, GE)는 공통점을 가지고 있다. 제품 · 시장 · 기술 중에서 어느 것에 중점을 두었느냐에 차이가 있을 뿐 환경변화에서 도약한 기업들은 공통적으로 '새로운 지도를 그려가는(새로운 의미를 구성하는) 창조력'이 바탕에 있음을 알 수 있다.

● 새로운 기술(Technology)을 받아들인 '세맥스'

새로운 기술을 받아들여 도약한 기업의 예로는 세맥스를 들 수 있다. 시멘트 사업을 하는 세맥스는 단순히 모래와 자갈을 섞는 데서 끝나는 것이 아니라 어디든 정확한 기한 내에 제품을 공급하는 것에 초점을 맞추었다. 이에 따라, 배송트럭에 GPS를 장착하여 고객에게 가장 인접한 곳에 있는 트럭을 연결시키는 한편 전 세계 2,000여 유통업체를 연결하는 위성시스템 Cemex Net을 구축해 회사의 생산시설과 중앙재고 창고를 연결하여 스피드를 높였다. 즉, '시멘트업계의 도미노피자'라는 창조적인 비전에 따라 IT기술을 적극적으로 비즈니스에 활용해 유통과정에 대한 통제와 경영효율성을 높여 시멘트 사업을 최첨단 사업으로 탈바꿈할 수 있었다.

● 새로운 제품(Product)을 만들어낸 '도요타'

도요타는 새로운 제품을 만들어 도약한 사례다. 도요타의 수석엔지니어조차 하이브리드 자동차 개발이 비용과 기술면에서 승산이 없다고 판단하고 프리우스 개발에 반대했다. 하지만 도요타는 향후 환경규제가 강화되고 고연비의 친환경 자동차에 대한 소비자 니즈가 점차 증가될 것이라는 판단 하에 도전해볼 만한 기회라고 파악했고, 이에 대해 전 세계는 도요타의 판단이 잘못된 것이라고 생각했다. 그러나 프리우스 제품이 출시된 지 10여 년이 지난 지금 전 세계는 도요타의 하이브리드 시스템을 따라하고 있다. 도요타는 세계 최초의 양산형 하이브리드 자동차 생산기업이 되었고 고연비와 친환경이라는 업계표준을 만들어냈다. 나아가 도요타는 하이브리드차의 판매로 세계 최고의 기술력을 보유한 기업인 동시에 환경을 배려하는 기업이라는 친환경적 기업이미지를 구축했다.

● 새로운 시장(Market)으로 나아간 '하이얼'

하이얼은 개방화와 글로벌화의 압력이 높아지는 환경변화 속에서 해외에서 살아남는 기업만이 진정으로 경쟁력 있는 기업이라는 기치 아래 '세계를 향해 달리자'는 비전을 내세웠다. 이는 새로운 해외시장 진출을 통해 글로벌 시장에서도 통할 수 있는 높은 품질의 제품을 생산하고, 기업 역량을 한 단계 업그레이드시키는 계기로 삼고자 했다는 것을 의미한다. 또한 수동적으로 자사 수준에 맞춰 환경을 선택하기보다는 선진시장으로 우선 진출하는 선난후이 전략을 통해 선진국 시장의 까다로운 소비자 욕구에 맞춰 기업역량을 키워나가며 진출방식을 단계적으로 고도화하며 성장했다.

● 문제가 무엇이냐(What is?) vs 무엇이 발생하고 있는가(What happens?)

신기술을 받아들이고, 신제품을 만들어내고, 신시장으로 진출하는 것은 모두 과거와는 다른 방식으로 '새로운 지도를 그려가는 창조력'이 바탕이 되었을 때 가능해진다. 이는 환경변화 속에서 기회를 포착하고 이를 창조적 비전과 연결하기 위해 기존 틀을 따르기보다는 새로운 지도를 그려나가기 위한 '시간(Flow) 위주의 사고'가 필요하다는 것을 의미한다.

주어진 각각의 사건이 무엇인지(What is) 질문하는 것은 문제를 특정한 '시간과 공간'이라는 고정된 틀로 바라보는 사고법이다.[7]

하지만 사건들의 계열화를 통해 변화하는 시간·공간 속에서 무엇이 발생하는지(What happens) 새로운 의미로 구성할 수 있어야 한다. 이는 상황을 전체적이고 다원적인 시각에서 바라볼 수 있게 해주는 동시에 문제에 대한 여러 가지 가능성과 대안까지 찾아낼 수 있도록 해주기 때문이다.

과거 한국기업들은 선진 기업이 걸어온 길을 모방하여 재빠르게 좇아가는 Fast Follower로서 고도성장을 이루었지만, 지금부터는 정답을 알고 있는 선진기업이 없이 새로운 길을 개척해야 하는 First Mover가 되었다. 그러므로 전 세계 경기침체와 급변하는 경영환경을 부정적으로 간주하기보다, 긍정적인 시각에서 환경변화 속 각각

7_ 유지언(2004), 『차이의 경영으로의 초대』, 삼성경제연구소

의 사건들을 의미가 부여된 스토리로 구성하는 창조력을 통해 한국
기업의 도약 방향을 설정해야 한다.

3. Flexibility
– 성장전략에 정답은 없다, 변화에는 변화로 대처하라

- Key message → 환경변화에 대한 유연성을 바탕으로 민첩하게 기회를
  탐색하고, 기회를 성공으로 이끄는 맷집을 길러라

● 불확실성에 대처하기 위해서 변화에 변화로 대처하다

필립코틀러가 그의 최신작인 『카오틱스』에서 언급했듯 최근 글로벌
경제위기 이후의 경영환경은 한마디로 요약해본다면 '불확실성'이다.
앞으로는 과거와 같이 어느 정도 예측가능하고 주기적인 경제흐름이
반복되기보다는 상시 변화의 시대·예측불가능성과 격변이 일상화된
격동의 시대로 접어들게 된다. 그렇기 때문에 기존의 경영원칙을 고
수하기보다는 변화하는 환경에 대한 유연성을 갖추는 것이 기업의 지
속적 생존과 성장에 필수적인 요소가 되었다.

본 연구는 '기업의 능동적 환경대응'과 '성장' 간 관계에 보다 체계
적으로 접근하기 위해 기업의 환경대응을 ① 기회포착 ② 창조적 비
전 ③ 혁신실행, 3가지로 나누어 살펴보았다. 이를 통해 기업이 불확
실성에 대처하기 위해서는 민첩하게 변화를 탐색해나가는 기회포착
능력과 포착한 기회를 기업성장으로 이끌 수 있는 실행능력을 동시

에 갖추어야 함을 알 수 있다.

● **불황기에 변화하는 소비 트렌드에 유연하게 대처한 '유니클로'**

유니클로는 불황기에 저렴하고 질 좋은 의류를 선호하게 되는 소비 트렌드에 주목하고, 기존 의류전문 판매점은 복잡한 유통구조를 가지고 있어 이와 같은 소비자 니즈를 제대로 충족시키지 못하고 있다는 시장기회를 포착하게 되었다. 시장기회를 기업성장으로 이끌어내기 위해 유니클로는 SPA를 통한 유통 전 과정 컨트롤과 중국 위탁생산방식을 채택했고, 이에 따라 발생할 수 있는 리스크와 재고관리를 해결하는 과정에서 장인프로젝트와 생필품처럼 사는 옷이라는 유니클로만의 독특한 비즈니스 모델을 창조할 수 있었다. 즉, 유니클로의 성장은 시장변화를 민첩하게 포착하고 이를 성공의 발판으로 삼기 위해 환경변화에 맞춰 기업의 핵심역량을 한 단계씩 발전시켜 나간 유연성이 바탕이 되었기에 가능한 결과였다.

〈유니클로의 유연한 환경대응〉

[기회포착 유연성]
변화하는 소비 트렌드, 이를 제대로 충족시키지 못하고 있는 경쟁업체

[실행 유연성]
SPA를 통한 유통 전 과정 컨트롤 + 중국 위탁공장
● 중국에서 생산되면 품질이 나쁘지 않을까?
→ 장인프로젝트로 철저한 품질관리
● 재고관리상 리스크가 너무 높지 않나?
→ 적은 품목·대량생산, 생필품처럼 사는 옷 콘셉트

"옷의 패스트푸드화"

● 드리밍세션을 통해 변화하는 시장 트렌드에서 시장기회를 포착한 'GE'

GE의 친환경 전략 에코매지네이션은 GE 최고 경영진과 고객회사의 CEO들이 만나 시장 트렌드에 대해 함께 이야기하는 드리밍세션(Dreaming Session)으로부터 시작되었다. 치솟는 화석에너지 가격과 강화되는 오염물질에 대한 규제를 고민하는 고객회사의 문제에서 새로운 시장기회를 발견한 것이다.

GE의 기회포착 유연성에서 특히 주목할 만한 점은 에코매지네이션이 조직의 체계적인 지원에 의해 주도면밀한 검토 과정에서 만들어진 산물이라는 점이다. GE는 에코매지네이션 사업 추진을 결정하기 전에 1년 동안 전략회의(S1)에서 안건을 확정하고, 내부 구성원들뿐만 아니라 NGO·정부기관·고객사들까지 다양한 이해관계자들을 만나 의견을 수렴했다. 또한 제프리 삭스 콜럼비아대 교수를 비롯

〈GE의 유연한 환경대응〉

[기회포착 유연성] 기업외부 다양한 이해관계자와의 논의와 토론으로 '친환경'에 대한 수요 포착

< Keep the Public Informed >

When we engage diverse stakeholders,

we're better able to understand our mutual challenges and identify opportunities for improvement.

● 10년 간 환경분야 R&D에 10억 달러를 투자한다면, 언제쯤 투자결과가 매출로 가시화되겠는가?
● 이때 어떤 기준에 따라 우선 분야를 선정해야 하는가?
● 바로 환경 분야를 접목하여 상품을 만들면 성공 확률이 있겠는가?

한 유명 학자들을 동원해 청정기술의 중요성을 역설하면서 조직 내 환경사업에 대한 회의적인 시각을 바꾸는 데 성공했다. 즉, 에코매지네이션은 CEO 한 명의 고독한 직관이 아닌, 외부 이해관계자와의 다양한 논의를 통해 경영 환경변화의 흐름이나 트렌드 등을 접하고 정보를 공유하는 과정에서 더 심층적인 아이디어를 도출해낸 유연성이 바탕이 되었기에 가능한 결과였다.

예측할 수 없는 불확실한 경영환경에서 유연성을 기르는 것은 기업의 지속적 생존·성장과 직결되는 문제다. 그렇기 때문에 권투선수에 비유하자면 나비처럼 날아서 벌처럼 쏘는 무하마드 알리의 '민첩성'과 상대편의 매서운 공격을 버텨낼 수 있는 조지포먼의 '맷집', 이 두 가지 능력을 동시에 갖춰야 한다.[8] 민첩성이 스스로 시장에서 변화를 탐색해나가는 능력이라면, 맷집은 시장변화에도 버텨낼 수 있는 역량을 뜻한다. 기업은 민첩성을 가지고 변화하는 시장 환경에서 기회를 찾는 동시에, 구축한 포지션을 더욱 공고히 하면서 비즈니스를 성공으로 이끌 수 있는 맷집을 키워나가야 한다.

4. Hidden Asset
– 탄탄한 역량을 바탕으로 경계를 허물고 뻗어나가라

■ Key message → 한국기업의 Hidden Asset인 '탄탄한 제조업 기반'과 경계를 허물고 뻗어나가는 '컨버전스'로 스스로 트렌드를 만들어라

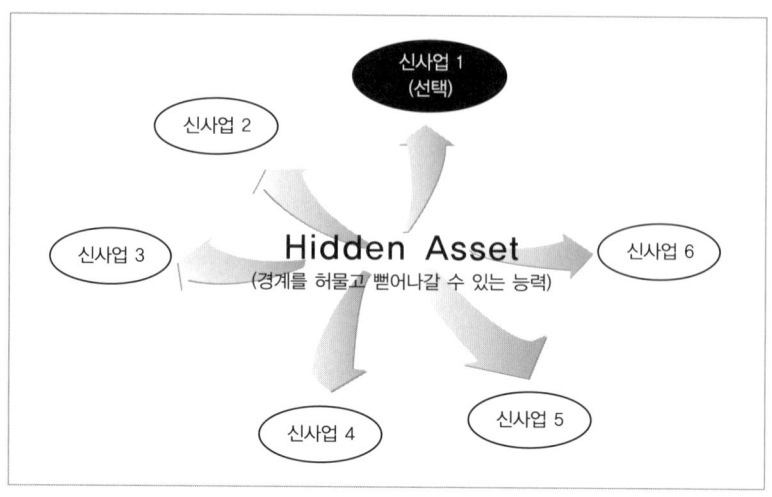

● **한국기업의 신사업 진출·신성장동력 확보를 위하여**

최근 글로벌 경제위기를 한 고비 넘기면서 한국기업들의 신성장동력 확보를 위한 관심이 크게 증가하고 있다. 이는 중국의 부상으로 경쟁이 치열해지고 주력 사업들이 성숙기에 접어들면서 성장 정체에 직면하게 될 것이라는 위기감과 더불어, 경제위기 후 기업들이 구조조정 매물로 나오고 우수 인력 확보가 쉬워지면서 신사업 진출에 대한 인센티브가 커졌기 때문이다. 한국기업이 새로운 블루오션을 개척하고 이를 성장의 발판으로 삼기 위해서는 어떻게 해야 할까? 잠들어 있던 Hidden Asset을 활용해 MP3 음악시장이라는 새로운 파이를 만들어내고 IT 기업의 선두주자로 도약한 애플의 사례를 통해 그 답을 알아보도록 하자.

8_ Donald Sull (2009), "How to Thrive in Turbulent Market", Harvard Business Review, Vol.86, No.3

● **Hidden Asset을 통해 새로운 트렌드를 창조한 애플**

애플이 온라인 음악시장이라는 생소한 사업으로 진출하게 된 계기는 MP3 플레이어를 디지털 뮤직시스템으로 인식했고, 이에 따라 자사의 핵심역량인 디자인과 소프트웨어 · 유저인터페이스 등을 활용한다면 충분한 승산이 있다고 판단했기 때문이었다. 애플은 PC산업에서 축적해온 기존역량을 활용하여 사용자 인터페이스를 강조한 제품 콘셉트와 방향을 제시한 결과, 소프트웨어를 활용하는 것을 넘어 음악콘텐츠까지 제공하는 신규역량을 확보하게 되었으며 나아가 아이팟–아이튠즈–뮤직스토어로 이어지는 애플만의 독특한 시장장벽을 형성하게 되었다.

〈애플의 Hidden Asset을 통한 새로운 트렌드 창조〉

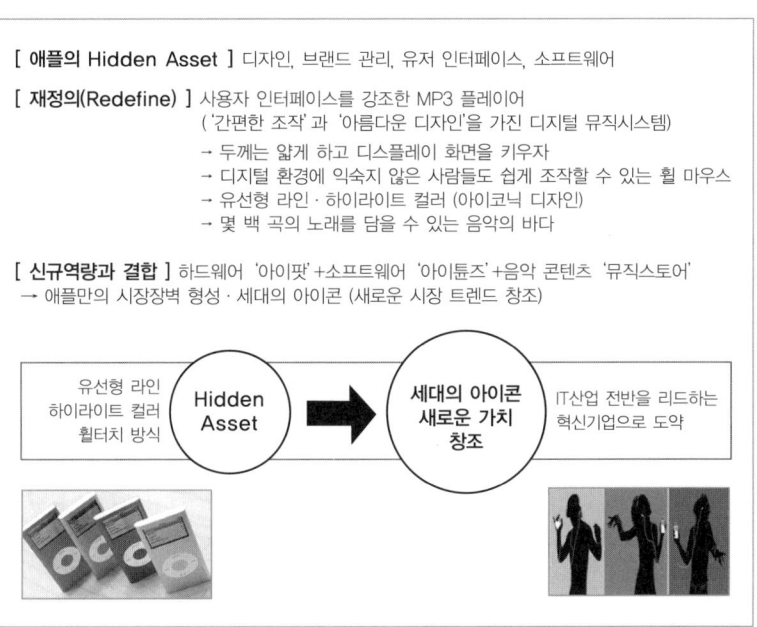

[**애플의 Hidden Asset**] 디자인, 브랜드 관리, 유저 인터페이스, 소프트웨어

[**재정의(Redefine)**] 사용자 인터페이스를 강조한 MP3 플레이어
('간편한 조작'과 '아름다운 디자인'을 가진 디지털 뮤직시스템)
→ 두께는 얇게 하고 디스플레이 화면을 키우자
→ 디지털 환경에 익숙지 않은 사람들도 쉽게 조작할 수 있는 휠 마우스
→ 유선형 라인 · 하이라이트 컬러 (아이코닉 디자인)
→ 몇 백 곡의 노래를 담을 수 있는 음악의 바다

[**신규역량과 결합**] 하드웨어 '아이팟' +소프트웨어 '아이튠즈' +음악 콘텐츠 '뮤직스토어'
→ 애플만의 시장장벽 형성 · 세대의 아이콘 (새로운 시장 트렌드 창조)

유선형 라인
하이라이트 컬러
휠터치 방식

Hidden
Asset

세대의 아이콘
새로운 가치
창조

IT산업 전반을 리드하는
혁신기업으로 도약

즉, 애플은 PC산업에서의 유저인터페이스·소프트웨어 기술 및 노하우를 기업의 히든어셋으로 파악하고 있었기에 급격한 환경변화 속에서도 핵심역량의 재정의(redefine)를 통해 지속적으로 사업을 확장하고 성장의 발판을 마련할 수 있었다.

● 한국기업의 Hidden Asset-탄탄한 제조업 기반

주력사업은 급변하는 환경 속에서 언젠가는 쇠퇴할 수밖에 없지만 사업에 활용된 기술이나 노하우는 '재정의'를 통해 다른 사업에 핵심적으로 활용할 수 있다. 즉, Hidden Asset이란 기업이 이미 소유하고 있지만 지금까지 그 가치를 충분히 인정받지 못하고 있던 자산으로서, Hidden Asset을 통한 성장은 과소평가되거나 간과되었던 자산을 새로운 시각으로 접근하여 사업에 활력을 다시 불어넣는 것을 의미한다.

그렇다면 한국기업이 가지고 있는 Hidden Asset은 무엇이며, 환경변화에 대응하여 트렌드를 창조하기 위해서는 어떻게 해야 할까? 한국기업이 가지고 있는 가장 큰 경쟁력이자 감추어진 자산은 외환위기 이후 다져진 탄탄한 제조업 기반이다. 한국기업의 Hidden Asset을 제조업 경쟁력으로 판단한 것은 한국이 뛰어난 제조기술력을 이미 가지고 있으되 충분히 활용하지 못하고 있기 때문이다. 한국은 스스로 뛰어난 기술력을 지니고 있음에도, 핵심사업의 기술들을 외국에서 빌려서 사용하는 경우가 허다하다. 휴대폰 부품만 하더라도 해외 기술 의존도는 40%에서 최대 95%에 이를 정도다. 하지만 한국기업들은 외환위기 이후 양(量)에서 질(質) 중심으로 기업성장의 방향을 변화시키고 대규모 R&D투자와 가치사슬의 고부가영역으로 경영자원을 집중시킴으로써 제조업 경쟁력을 강화시켜나가고 있다.

과거 해외시장에서 저가 브랜드로 취급받던 현대차는 품질향상을 최우선과제로 내세운 부품모듈화 추진으로 2009년 미국 신차품질조사에서 일반브랜드 부문 1위에 올랐으며, 삼성전자는 2008년 기준 LCD TV(18.7%)를 비롯해 LCD패널(20.0%), 유기발광다이오드(31.7%), D램(27.7%), 낸드형 프래시메모리(42.1%) 등 5개 품목에서 세계시장 점유율 1위를 기록했다. 또한 포스코는 높은 경제성과 더불어 환경오염물질을 획기적으로 줄일 수 있어 '꿈의 제철기술'로 불리는 파이넥스 공법을 세계 최초로 상용화했으며, 뛰어난 기술력을 인정받아 일본 도요타에 이어 소니에까지 철강 제품을 공급하게 되었다. 현대중공업·삼성중공업·대우조선해양 등 조선업체 역시 엔진 등의 핵심기술개발이나 육상건조기법과 같은 공정기술력에서 조선최강국다운 세계 최고 수준을 자랑하고 있다. IT 제조업과 전통 제조업 모두에서 글로벌 강자를 보유한 것은 한국의 GDP 수준을 고려했을 때 세계적으로 매우 드문 일이다.[9]

● 산업 간 컨버전스로 경계를 허물고 트렌드를 창조하라

Hidden Asset의 핵심은 이미 가지고 있으되 충분히 활용되지 못하고 있는 자산을 새로운 시각으로 바라보고, 나아가 이를 활용해 신시장·신사업분야로 끊임없이 뻗어나가는 것이다. 따라서 한국기업이

9_ 정구현 외, 『한국의 기업경영 20년』, 삼성경제연구소, p. 110

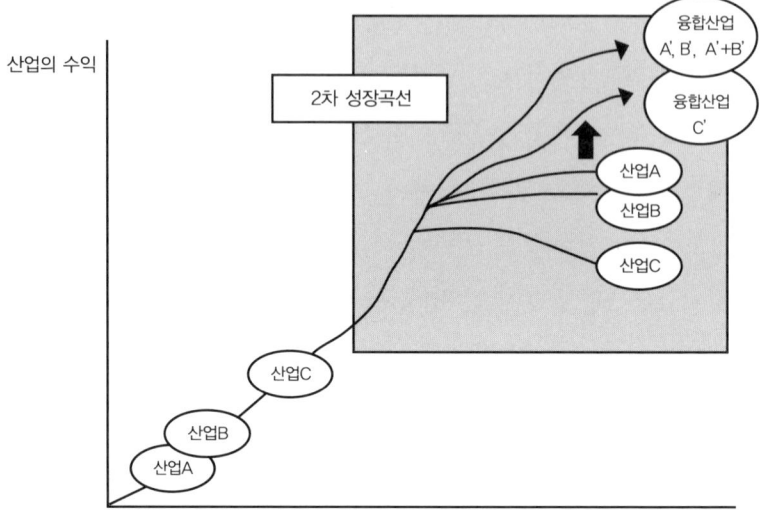

〈융합 이전 · 이후의 산업 성장곡선 변화 예측〉

출처 : 융합 시대의 IT 산업 발전비전과 전략, 산업연구원. 2007

현재 보유한 탄탄한 제조업 경쟁력을 활용해 도약의 기회로 삼기 위해서는 각 산업별 경계를 허물고 새로운 영역으로 확장할 수 있다는 '재정의'의 관점이 필요하다.

과거 단일 분야에서 적용되던 기술이나 핵심역량은 산업간 컨버전스를 통해 보다 다양한 분야로 확장되면서 혁신적인 제품이나 새로운 비즈니스 모델을 창출할 수 있다. 자동차산업과 IT산업의 컨버전스를 예로 들어보자. 자동차의 핵심경쟁요소가 기계장치(소음방지, 연비)에서 소프트웨어(편의성, 안전성)로 옮겨지게 되면서 IT와 자동차산업 간 컨버전스가 촉발되었다. 그 결과 완성차 업체들과 IT업체 간 기술협력이 활발히 진행되어 사고방지를 위한 타이어 압력 감지센서, 일정하게 앞차와 거리를 유지하는 오토쿠르즈, 자동차 안에서 초고속 무선인터넷을 사용할 수 있는 텔레매틱스 등의 융합기술이 개발 중에 있다.

IT업체들은 이와 같은 환경변화 흐름을 자동차 맞춤형 IT라는 블루오션 시장에 진출할 수 있는 기회로, 현대자동차는 기존의 양적 성장에서 질적 성장(고부가가치, 고급화)으로 도약을 가속화할 수 있는 차별화의 수단으로 사용할 수 있을 것이다. 이때 단순히 자동차가 주축이 되어 필요한 IT기술을 그대로 차용한다는 기존 생각의 틀에서 벗어나 IT기기를 '이동'이라는 특징을 가진 환경에서 최적화될 수 있는 새로운 플랫폼을 개발하고 트렌드를 창조할 수 있다면, 한국기업들은 기술융복합 시대의 리더로 거듭날 수 있을 것이다.

5. Partnership
– 구슬도 꿰어야 보배, 외부 파트너의 역량을 조합하라

■ Key message → 개별 기업 간 경쟁에서 기업 생태계 간 경쟁으로 변화, 외부 파트너의 역량을 엮어 혁신적인 콘셉트를 창조하라

● 신흥국 기업의 성장 – 수평적 네트워크 시대·글로벌 아웃소싱의 흐름을 타다

앞서 사례분석 요약을 통해 신흥국 기업의 성장이 단순히 저렴한 노동력 때문만이 아니라는 것을 알 수 있었다. 교통·통신의 발달과 인력 이동이 자유로워지면서 국가 간 기술 격차가 점차 좁혀지는 '기술의 글로벌화' 현상이 일어났으며, 이는 핵심역량을 제외한 가치사

슬의 대부분을 해외 외부 기업에게 의뢰하는 글로벌 아웃소싱을 일
반화시켰다. 모든 경계가 무너지고 기술 분야가 통합되면서, 막대한
비용이 드는 생산설비와 부품개발 없이 혁신적인 콘셉트만으로 시장
진입이 가능해진 것이다. 이에 따라 신흥국 기업들은 글로벌아웃소
싱에 따라 진입장벽이 낮아지는 환경변화를 활용하여 '차별화된 비
즈니스 모델'을 앞세워 급성장하게 되었다.

● 글로벌 아웃소싱으로 '초저가 자동차' 생산을 실현시킨 타타자동차

인도 타타자동차의 성장은 '초저가차'라는 혁신적인 콘셉트를 바탕

〈타타자동차 – 외부 파트너를 활용한 신속한 제품개발〉

[혁신적인 콘셉트] 신흥국 중산층의 잠재수요를 간파한 240만 원대 '초저가 자동차'

[외부 파트너 활용]
외부 컨설팅회사의 도움을 받아 자체 설계 활동에 린 설계 도입
부품 아웃소싱 업체에 린 설계하도록 인센티브 제공
글로벌 100대 부품기업 중 다수를 부품개발과 공급자로 참여하게끔 유도

주 : 2008년 글로벌 100대 부품기업이 공급하는 부품을 원으로 표시
자료 : 『Automotive New』(2008. 8 .8)

"네트워킹 개발방식"

으로 핵심부품과 기술은 해외에 의존하고, 현지 시장에 맞게 변형·개량한 제품을 개발했기 때문이다. 타타자동차는 이머징 마켓 중산층의 잠재수요를 발견하고 '승용차를 구입할 수 없는 인도 서민들의 꿈을 실현시킨다'는 창조적 비전 아래 240만 원대의 '나노'를 출시했다.

'나노'는 떠오르고 있는 신흥국 중산층 수요 트렌드를 포착했다는 점 이외에도 외부 전문기업을 활용함으로써 막대한 비용이 드는 생산설비와 부품개발 없이 신규 진입을 했다는 점에서 주목할 만하다. 타타자동차는 나노의 콘셉트를 개발한 후 외부 컨설팅회사의 도움을 받아 자체 설계 활동에 린 설계를 도입하고, 부품 아웃소싱 업체에 린 설계를 하도록 인센티브를 제공했으며, 나아가 글로벌 100대 부품기업(2006년 매출액 기준) 중 다수를 나노 부품 개발과 공급자로 참여하게끔 유도했다.

이처럼 신흥국 기업의 성장에는 자사 제품의 핵심 부분을 훼손하지 않는 한 글로벌 시장을 대상으로 가장 좋은 조건으로 부품을 공급받고자 하는 '글로벌 공급사슬관리(GSCM)'의 변화가 뒷받침해 있었다는 것을 알 수 있다. 유능하고 경쟁력 있는 외부 비즈니스 파트너를 탐색하고 협력할 수 있는 능력이 기업의 지속적 성장을 위한 필수조건이 된 수평적 네트워크 시대가 도래한 것이다.

● 리앤펑 – 외부 기업들의 역량을 조합하여 새로운 가치를 창조

비즈니스 생태계를 구성하는 외부 뛰어난 기업들을 엮어냄으로써 차별화된 고객 가치를 제공한 성장 사례로 홍콩의 의류업체 리앤펑을 들 수 있다. 리앤펑은 빠른 속도로 진전되고 있는 글로벌화의 흐름을 일찌감치 간파하고 40개 이상의 국가에서 8,300개 이상의 공급 업자들로 이루어진 네트워크를 편성해 공급 사슬을 관리하여 성장의 발판을 마련했다. 네트워크 편성자로서 리앤펑 그룹은 고객의 요구를 파악하여 전 세계에 분산되어 있는 협력 파트너들을 토대로 전체 공급 사슬을 설계하고, '적절한 제품'이 '적절한 가격'으로 '적절한 시기'에 고객이 요구하는 곳에 도착될 수 있도록 네트워크를 최적화함으로써 마치 오케스트라 지휘자처럼 네트워크를 조율했다.

● **'구슬도 꿰어야 보배' - 외부 파트너의 역량을 엮어 새로운 콘셉트를 창조하라**

본 연구에서 조사한 성장 기업들의 사례를 살펴보면, 포착한 기회를 혁신적 실행으로 전환하는 과정에서 외부 비즈니스 파트너 혹은 외부 환경변화를 끊임없이 탐색하고 이를 자사의 새로운 도약 기회

〈리앤펑-네트워크를 조율하는 오케스트라 지휘자〉

[혁신적인 콘셉트] 가치 사슬 상 다양한 업체들을 상호 연결시켜주는 네트워크 조정자

[외부 파트너 활용] 의류 디자인 및 전체 생산기획은 리앤펑이 맡고, 나머지 기능은 가치사슬을 구성하는 외부 뛰어난 기업과 실시간으로 연결 · 조합

→ 실은 '한국' 업체에게 공급받고 염색은 '태국' 업체에게 넘겨주고
→ 옷감은 '대만'에서 짜고 '방글라데시'에서 재단하며
→ '일본'산 지퍼를 '멕시코'에서 접합하고
→ '미국' 물류센터를 통해 세계 곳곳 소매업자들에게 배송

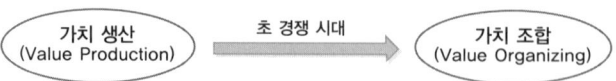

가치 생산 (Value Production)	초 경쟁 시대	가치 조합 (Value Organizing)

• 기업 특유의 기술과 내부역량 강조
• 차별적 경쟁우위를 바탕으로
  가치를 직접 만듦으로써 고객 가치 창조
		• 외부 기업 역량의 활용 강조
		• 가치 사슬 내 · 외부 기업들이 가지고 있는
		  역량을 조합하여 고객 가치 창조

로 활용하고자 했다는 것을 알 수 있다. 애플은 네트워킹 개발 방식을 통해 기존에 있던 기술을 조합해 '아이팟'이라는 혁신적인 아이콘을 만들었고, 세맥스와 리앤펑은 M&A활동을 통해 피인수 기업의 강점을 배워나가며 기업역량을 키워나갈 수 있었다. 한국기업들의 과거 고성장은 수직통합형 산업모델을 통해 스피드와 시너지를 발휘함으로써 가능한 결과였으나, 이를 통해 내부 역량만으로 모든 것을 해결하려는 근시안적인 사고에 머물지 않도록 경계해야 한다. 수평적 네트워크 시대에서는 유능하고 경쟁력 있는 '외부 비즈니스 파트너를 탐색하고 협력할 수 있는 능력'과 기존 기술과 부품을 새로운 방식으로 결합하는 '창조성'이 지속적 성장을 위한 필수조건이 되었다. 창조는 본질적으로 완전히 새로운 것을 만드는 것이 아닌, 이미 존재하는 사물이나 현상을 결합하여 새로운 관계를 만들어내고 이전에는 없던 새로운 가치를 만들어내는 활동이다. 한국기업들은 이를 고려하여, 새로운 콘셉트를 바탕으로 흩어져 있는 점들을 연결하고 시장과 경쟁환경 변화에 따라 기업의 경계를 효율적으로 재구축하는 새로운 도약 전략을 펼쳐야 한다.

참고문헌

제1장 서론

홍덕표, "경기침체기를 기회로 활용한 기업들의 교훈", 『LG Business Insight』, LG경제연구소, 2008

제2장 기업성장의 중요성

김창욱 · 한창수 · 윤영수, "기업성패의 동태적 이해", 『CEO 인포메이션』, 삼성경제연구소, 2007

박용삼, 『기업성장의 숨겨진 공식』, 생능출판사, 2008

홍덕표, "경기침체기를 기회로 활용한 기업들의 교훈", 『LG Business Insight』, LG경제연구소, 2008

형민우, "성장의 벽을 돌파하라", 『LG 주간경제』, LG경제연구소, 2005

Ansoff H. Igor, "Strategies for Diversification", Harvard Business Review, Vol.47, No.3, 1945

Kim W. Chan and Renee Mauborgne, "Value Inoovation", Harvard Business Review, Vol.75, No.1, 1997

Laurie Donald L, Yves L. Doz, Claude P. Sheer, "Creating New Growth Platform", Harvard Business Review, Vol.90, No.5, 2006

Zook Chris, "Growth outside the core", Harvard Business Review, Vol.81, No.12, 2003

Zook Chris, "Finding your next core business", Harvard Business Review, Vol.85, No.4, 2007

제3장 한국기업의 성장 현황

김재문, "불안정한 넛크래커에서 역동적인 넛크래커로", 『LG Business Insight』, LG경제연구소, 2009

박천규, "일본의 공세, 신흥시장이 흔들린다", 『LG 주간경제』, LG경제연구소, 2007

이한득, "최근 글로벌 기업과 한국기업의 경영성과", 『LG Business Insight』, LG경제연구소, 2009

정구현 외, 『한국의 기업경영 20년』, 삼성경제연구소, 2008

조환익, 『한국 밖으로 뛰어야 산다(KOTRA 조환익 사장이 젊은이와 비즈니스맨에게 보내는 성공 메시지)』, 청림출판, 2009

"[브랜드경영] 브랜드 가치 높이기", 『매경이코노미』, 2008.9.17

제4장 성장에 성공한 해외기업 사례분석

(1) 애플

김영한, 『스티브잡스의 창조 카리스마』, 리더스북스, 2006

서기선, 『대한민국 특산품 MP3 플레이어 전쟁』, 한울, 2008

이우성, "부문별로 본 미국 IT 산업 침체원인과 회복가능성", 『LG주간경제』, LG경제연구소, 2001

형민우, "역전기업의 일등비결", 『LG주간경제』, LG경제연구소, 2006

홍덕표, "경기침체기를 기회로 활용한 기업들의 교훈", 『LG Business Insight』, LG경제연구소, 2008

Zook Chris, 정지택 역, 『멈추지 않는 기업』, 청림출판, 2008

(2) 하이얼

김석진, "전환기의 중국가전시장", 『LG주간경제』, LG경제연구소, 1999

김익수, 『사들이는 중국, 팔리는 한국』, 삼성경제연구소, 2005

쑨 시엔예, 유혜경 역, 『하이얼 스토리』, 한스콘텐츠, 2006

안첸췬, 이수진 역, 『장루이민의 하이얼(중국 No.1 기업은 어떻게 만들어지는가』, 수희재, 2004

양문수 · 서봉교, "중국 WTO 가입이 국내 산업에 미치는 영향", LG경제연구원, 2001

윤종언, "돌파구를 모색하는 중국 가전업계", 삼성경제연구소, 2003

지만수, "중국가전업체의 고경쟁시대 생존전략", 『LG주간경제』, LG경제연구소, 2001

Meyer Arnoud De, 신문영 역, 『글로벌 기업의 조건』, 교보문고, 2007
"자본주의 기업보다 더 자본주의적인… 中 하이얼 회장", 『조선일보』, 2007. 3. 2

(3) 유니클로
김종년, "최근 위기에 빛난 기업의 교훈", 『CEO 인포메이션』, 삼성경제연구소, 2009
이경민, "싼 옷에 대한 편견을 뒤집은 유니클로의 3박자 경영", IGM 세계경영연구
원, 2009
이남훈, "위기극복! 일본 기업에서 배운다─유니클로", 기업나라, 2009
"불황타고 뜬 패션브랜드 유니클로", 『매경 이코노미』, 2003. 7. 25
"소비자들 원하는 '+α' 공략이 핵심 ─ 불황에도 웃는 기업의 비밀", 『한국경제매거
진』, 2009.2.16
"유니클로 두 자리 성장의 비밀", 『전자신문』, 2009. 7. 13
"일본을 입히는 남자… 일(日) 최고 부자가 된 옷장수 '유니클로' 야나이 회장", 『조
선일보』, 2009. 9. 19

(4) 리앤펑
김국태, "혁신의 동인으로 부각되고 있는 아웃소싱", 『LG주간경제』, LG경제연구소,
2007
김재윤, "글로벌 네트워크형 비즈니스모델의 확산", 『CEO 인포메이션』, 삼성경제
연구소, 2008
Agtmael Antoine van, 김민주·송희령 역, 『이머징마켓의 시대』, 김영사, 2007
Meyer Arnoud De, 신문영 역, 『글로벌 기업의 조건』, 교보문고, 2007
Fung Victor K, 박광태 역, 『평평한 세상에서의 경쟁전략』, 럭스미디어, 2009

(5) 도요타
김현진, "도요타의 환경중시 경영과 시사점", 『CEO 인포메이션』, 삼성경제연구소,
2003

(6) 타타자동차
강민형, "글로벌 M&A시장의 보아뱀, 타타그룹", 『SERI 경영노트』, 삼성경제연구

소, 2009

삼성경제연구소, KOTRA, 『인도경제를 해부한다』, 2006

오민석, "인도의 국민기업 타타(TATA) 그룹", 경희법학연구소, 2008

유하림, "인도 타타, 꿈은 이루어진다", KOTRA, 2009

윤효춘, "인도서 잘 나가는 3대 자동차", KOTRA, 2004

"인도 타타그룹 '보아뱀 전략' …원래 그런게 어딨어!", 『한국경제』, 2009. 10. 23

"280만원짜리 인도 국민차 '타타' 출시", 『중앙일보』, 2009. 3. 24

(7) GE

곽강수, "세계 이머징 마켓의 건설투자 전망과 시사점", 『POSRI CEO Report』, 포스코 경영연구소, 2008

김석진, "중국에 부는 인프라 개발바람", 『LG주간경제』, LG경제연구소, 1998

박병규, 『GE의 새로운 신화를 창조하는 제프리 이멜트』, 송포켓북, 2009

안영환, "기후변화 성장동력화 사례분석 연구", 에너지경제연구원, 2007

유호현, "물 산업의 물길이 바뀌고 있다", 『LG주간경제』, LG경제연구소, 2009

장성근, "GE 이멜트의 경영방식과 시사점", 『LG주간경제』, LG경제연구소, 2006

장성근, "선진기업들의 신경영 트렌드", 『LG주간경제』, LG경제연구소, 2005

홍대순, "신사업추진을 통한 차세대 성장엔진확보", 신성장동력포럼 발표자료, 2007

Magee David, 김명철 역, 『제프 이멜트 GE WAY』, 위즈덤하우스, 2009

"삼성도 배워야 할 GE 신성장전략", 『매경이코노미』, 2007. 6. 7

"GE 차세대 성장전략은 SOC 원스톱 서비스", 『매일경제』, 2007. 6. 5

(8) 세맥스

김상범, "세상에서 가장 똑똑한 기업, 시멕스", 『SERICEO』, 삼성경제연구소, 2009

김영수, "멕시코 기업구조조정의 시사점", 『CEO Information』, 삼성경제연구소, 1998

김윤희, "멕시코에서 가장 존경받는 기업은?", KOTRA, 2004

정무섭, "주목해야 할 신흥국 글로벌기업", 『CEO Information』, 삼성경제연구소, 2009

황정한, "Cemex의 해외시장 개척과 멕시코 시멘트산업", KOTRA, 2007

Lessard Donald R. and Cate Reavis, "CEMEX : Globalization 'The CEMEX Way'", 2009

"글로벌 기업들을 물리친 매운 토종, 멕시코 시멘트 기업 세맥스", 『글로벌 스탠더드 리뷰』, 2009. 8. 31

"세멕스 '시멘트'로 수요 창출…골리앗 울린 멕시코 토종 '지역밀착AS'", 『한국경제』, 2009. 8. 4

제5장 결론

박성배, "글로벌 네트워크형 비즈니스모델의 확산", 『CEO 인포메이션』, 삼성경제연구소, 2008

서동혁 외, 『융합시대의 IT산업 발전비전과 전략』, 산업연구원, 2007

유지언, 『차이의 경영으로의 초대』, 삼성경제연구소, 2004

유호현, "가치생산에서 가치조합으로", 『LG Business Insight』, LG경제연구소, 2008

전황수 · 허필선, "국내외 자동차-IT 융합 추진동향", 한국전자통신연구원, 2009

정구현 외, 『한국의 기업경영 20년』, 삼성경제연구소, 2008

조환익, 『한국 밖으로 뛰어야 산다(KOTRA 조환익 사장이 젊은이와 비즈니스맨에게 보내는 성공 메시지)』, 청림출판, 2009

최병삼, "자동차와 IT 간 컨버전스 동향과 과제", 『SERI 경제 포커스』, 삼성경제연구소, 2005

Sull Donald, "How to Thrive in Turbulent Market", Harvard Business Review, Vol.86, No.3, 2009

"21세기 '핵심역량'은 한우물 아닌 문어발", 『동아일보』, 2009. 7. 11

KI신서 2308

생존, 그 이후를 준비하는
한국기업의 성장과제

1판 1쇄 발행 2010년 2월 20일
1판 2쇄 발행 2010년 2월 25일

지은이 전용욱 **펴낸이** 김영곤 **펴낸곳** (주)북이십일 21세기북스
디자인 에이틴 **영업** 서재필 최창규
출판등록 2000년 5월 6일 제10-1965호
주소 (우413-756) 경기도 파주시 교하읍 문발리 파주출판단지 518-3
대표전화 031-955-2100 **팩스** 031-955-2151 **이메일** book21@book21.co.kr
홈페이지 www.book21.co.kr **커뮤니티** cafe.naver.com/21cbook

책 값은 뒤표지에 있습니다.
ISBN 978-89-509-2258-0 03320